LES MISÈRES DU
MOYEN ÂGE

de Terry Deary
Illustré par Martin Brown

MILAN
jeunesse

Avec mes remerciements sincères
à Helen Greathead

<u>Dans la même collection</u>

Cléopâtre et son aspic
L'âge de pierre
Monstrueux ces Romains
Très chouettes ces Grecs
Horreur dans les tranchées 1914-1918

Traduction : Catherine Ianco
Maquette : Bruno Douin

Text copyright © Terry Deary, 1996
Illustrations copyright © Martin Brown, 1996

Titre original : The measly Middle Ages
All rights reserved

The right of Terry Deary and Martin Brown to be identified as
the author and illustrator of this work respectively has been asserted by
them in accordance with the Copyright, Designs and Patents Act, 1988.
First published in the UK by Scholastic Ltd, 1996
Scholastic Children's Books,
Commonwealth House, 1-19 New Oxford Street
London WC1A 1NU, UK
Pour l'édition française :
© 2003 Éditions Milan pour le texte
ISBN : 2.7459.0815.4
Dépôt légal : 2e trimestre 2003
Aubin Imprimeur, 86240 Ligugé
Imprimé en France

Sommaire

Introduction	5
Chronologie	7
C'est normal, c'est normand !	11
Folies féodales	19
Pestilences, fièvres et épidémies	30
Déloyaux chevaliers	42
Des Angevins peu angéliques	52
La malbouffe médiévale	62
Languides Lancastres	73
Pauvres femmes	83
Pauvres mioches !	93
Quelques révélations	107
Un clergé pas très catholique	112
Épilogue	127

Introduction

Certaines périodes de l'histoire sont de vrais mélis-mélos. D'affreux embrouillaminis. Déjà qu'on se met difficilement d'accord sur les événements de la veille...

> ... ET LÀ JE MARQUE LE BUT DU SIÈCLE !

> C'EST LE BALLON QUI A REBONDI SUR TA TÊTE !

Alors ce qui s'est passé il y a un an, un siècle ou un millénaire...

> AU MOYEN ÂGE, LES FEMMES ÉTAIENT PLUS NOMBREUSES PARCE QUE LES HOMMES MOURAIENT À LA GUERRE.

> NON ! LES HOMMES ÉTAIENT PLUS NOMBREUX. LES FEMMES MOURAIENT EN ACCOUCHANT.

> À DIRE VRAI, LES DEUX SONT POSSIBLES.

> MAIS C'EST FORCÉMENT L'UN OU L'AUTRE !

Tu vois le problème ? Isabeau de Bavière est décrite comme une grande brune de petite taille aux cheveux blonds, et les paysans français passent pour des rachos malodorants et bien nourris qui prenaient régulièrement des bains. Les profs et les historiens ont chacun leur version.

Qui croire alors ? Personne !
Ton livre de classe est sûrement rempli d'histoires édifiantes…

> LES CHEVALIERS ÉTAIENT DE BRAVES ET NOBLES GUERRIERS QUI DÉFENDAIENT LES PAYSANS.

Ce livre-ci donne un autre son de cloche…

> LES CHEVALIERS ÉTAIENT DE GROSSES BRUTES TORDUES QUI SACCAGEAIENT LES RÉCOLTES.

À toi de choisir !

Chronologie

410 Les Romains quittent la Grande-Bretagne. Début du haut Moyen Âge, dit Âge des Ténèbres.

793 Première attaque des Vikings contre un monastère. Quelques moines sont massacrés. Sadiques Nordiques !

851 Les Vikings passent leur premier hiver en Grande-Bretagne.

871 Alfred le Grand devient roi du Wessex. Il règne sur le Sud et laisse très poliment le Nord aux Vikings.

899 Alfred tire sa révérence (il meurt).

1017 Les Vikings triomphent : Knut (ou Canute) devient roi de toute l'Angleterre.

1066 La belle Normandie ne suffit plus aux Normands : ils veulent aussi l'Angleterre, envahissent le pays et battent à plate couture le roi Harold à qui Guillaume le Conquérant chipe le trône. Début du bas Moyen Âge.

1086 Guillaume, cruel conquérant, prépare une vaste offensive fiscale. Il fait recenser les Anglais et leurs biens dans un registre : Livre du Jugement dernier.

1099 Les armées européennes partent libérer Jérusalem du joug musulman. Ces expéditions en Terre sainte sont appelées croisades.

1215 Les barons forcent l'avaricieux roi Jean à signer la Grande Charte (Magna Carta) et rendent le pouvoir aux gens du peuple – les riches, bien sûr.

1264 Les barons font des misères à Henri III. Le chef rebelle, Simon de Montfort, le capture et gouverne pendant un an. Ensuite, les armées royales le tuent et envoient sa tête à Lady Mortimer (dont ce n'était même pas l'anniversaire).

1291 Fin des croisades. Chassés de Terre sainte, les croisés se battent entre eux faute d'autres adversaires. Ça fait beaucoup de tôle froissée.

1303 La mer Baltique gèle. Début de la petite ère glaciaire qui durera jusqu'en 1700. La belle saison raccourcit, les récoltes diminuent et des millions de gens meurent de faim et de misère.

1315 Les récoltes sont détruites par des inondations si cataclysmiques qu'on les compare au Déluge. Des millions de gens meurent encore plus de faim et de misère. On rapporte qu'en Europe les foules désespérées mangent des chats, des chiens, des crottes de pigeons et même leurs propres enfants.

1337 Le roi d'Angleterre Édouard III se proclame roi de France. Les Français ne sont pas d'accord. Ils se battent, se battent, se battent, etc. Début de la guerre de Cent Ans.

1349 La peste noire tue des millions d'Européens.

1431 Après avoir laminé les Anglais, Jeanne d'Arc est capturée et brûlée vive.

1453 La guerre de Cent Ans s'arrête 116 ans après avoir commencé.

1459 Et maintenant, les Anglais se battent entre eux ! Guerre des Deux-Roses entre les Lancastre (la rose rouge) et les York (la rose blanche), qui se disputent le trône.

1485 Henri Tudor remporte la bataille de Bosworth Field, arrache la couronne à Richard III et réunit rose rouge et rose blanche dans le même bouquet.

1492 Christophe Colomb découvre l'Amérique. Un Nouveau Monde et une nouvelle ère s'ouvrent devant les peuples d'Europe. Fin de l'abominable Moyen Âge (mais les choses ne sont pas si simples).

C'est normal, c'est normand

Les pauvres Anglais se sont fait taper dessus pendant mille ans. Mille ans de galère qu'ils qualifient sans exagérer d'âge des ténèbres. En 43 av. J.-C., les Romains les affamèrent.
Au Ve siècle, les Saxons les décimèrent. Au IXe siècle, les Vikings les écrasèrent. En 1066 (le « Marignan-1515 » des Anglais), les Normands raflèrent la mise. Guillaume le Conquérant débarqua et remporta la bataille de Hastings.

Ces Normands étaient des Vikings installés dans le Nord-Ouest de la France. Ils portaient des couvre-chefs pointus. Question de goût. Cette drôle de mode leur fut peut-être inspirée par Geoffroi, roi de Bretagne.

Geoffroi se rendait à Rome quand l'un de ses faucons attaqua un poulet dans la cour d'une auberge. Folle de rage, la femme de l'aubergiste empoigna une marmite de fer et la jeta à la tête du Breton, le tuant net. Sur ces entrefaites, les Normands rappliquèrent avec des heaumes anti-missiles pour piquer les terres de Geoffroi.

Les Normands employaient des moines et des secrétaires qui racontèrent leur histoire. Leurs écrits nous éclairent sur l'âge des ténèbres, désormais moins obscur. Mais quittons cette sombre époque et entrons dans les dernières décennies du Moyen Âge.
Ce fut une période sanglante et brutale. La vie des gens était misérable, leur fin aussi. On mourait à la guerre. Sur un chevalet de torture. De la peste. Ou tout simplement, d'épuisement.

> J'AI TOUT VÉCU : LA GUERRE, LA FAMINE, LA PESTE NOIRE ET LE LABEUR HARASSANT.
>
> MAIS QUEL ÂGE AVEZ-VOUS ?
>
> VINGT-CINQ ANS.

Et tu te plains de tes devoirs et de tes cours d'histoire !

Le duc sanglant

En 1066, les Normands étaient commandés par le duc Guillaume, dit « le Conquérant » (les Anglais l'appellent William the Conqueror). Il affirmait que le roi Édouard d'Angleterre l'avait choisi comme héritier et guerroya sans trêve contre le roi Harold qui racontait la même chose. Les Anglais auraient sûrement préféré qu'Harold gagne, car le Normand était un tueur sanguinaire.

Guillaume essuya moult quolibets à cause de sa naissance : les mauvaises langues disaient que son père était un simple peaussier (négociant en cuir). Pendant qu'il assiégeait Alençon, en 1048, les habitants pendirent des peaux aux balcons en criant : « Voilà de l'ouvrage pour le fils du peaussier ! » Pas de quoi prendre la mouche, mais le duc sanglant vit rouge.

Il captura 34 prisonniers et les fit défiler devant les murs de la ville. Puis, sous les yeux effarés des Alençonnais, il leur fit couper pieds et mains et les balança par-dessus la muraille, menaçant les assiégés du même sort s'ils s'entêtaient à résister. Ils se rendirent.

Guillaume mena campagne contre le comte d'Arques. Il galopa si vite qu'il sema ses troupes en chemin et n'avait plus que 6 hommes à ses côtés lorsqu'il arriva devant Arques. Le comte l'attendait avec 300 chevaliers, mais quand Guillaume chargea, il courut se réfugier dans sa bonne ville, preuve que le Normand faisait peur même à sa famille (le comte était son oncle). Les chevaliers firent comme leur chef et détalèrent aussitôt.

Guillaume voulait l'Angleterre plus le Maine. Walter de Mantes aussi. Guillaume captura Walter et l'enferma avec sa femme à Falaise, où ils moururent. Empoisonnés, selon certains historiens.

Le Conquérant fit régner la terreur sur l'Angleterre. À en croire les écrits de l'époque, « les démons passaient le pays par le feu et par l'épée. » Pourtant, ce bon Guillaume abolit la peine de mort. Sa dernière loi précise : « J'interdis que quiconque soit exécuté ou pendu, quelque offense qu'il ait commise. Qu'on lui arrache plutôt les yeux. » Nonobstant, quand le comte Waltheof se rebella contre lui en 1076, Guillaume « oublia » la loi et le fit raccourcir à Winchester. Moche.

> C'EST PÉNIBLE, CES TROUS DE MÉMOIRE.

La conquête de Guillaume fut effroyablement cruelle. Les rebelles du Nord de l'Angleterre comprirent vite leur douleur. Quand le duc sanglant et ses Normands marchèrent sur York, ils massacrèrent chaque homme et chaque garçon qu'ils rencontrèrent. L'armée se divisa en escadrons de la mort qui pratiquèrent la stratégie de la terre brûlée. Les bêtes furent tuées, les outils agricoles cassés, les maisons et les récoltes incendiées. De York à Durham, une génération entière fut éliminée. Les cadavres jonchaient les routes. On raconte même que des populations affamées devinrent cannibales. En 1086, York était toujours une ville morte.

Il y a quand même une justice : lorsque le féroce Normand voulut passer par l'épée la ville de Mantes, son cheval marcha accidentellement sur des braises et l'entraîna dans sa chute. Le roi en eut les entrailles retournées et mourut dans d'immenses souffrances.

Histoires de famille

Les Normands n'aimaient pas les Anglais. En fait ils n'aimaient personne, pas même leur propre famille. Le frère de Guillaume, Odo, gouverna l'Angleterre pendant que le roi était en Normandie.

En remerciement, Guillaume le jeta en prison.
Ses fils étaient encore pires que lui. Ils se bastonnaient mutuellement et se battirent aussi contre leur vieux papa. Guillaume ne savait sans doute pas écrire. Ses clercs étaient là pour ça. Mais, s'il avait rédigé une épître à sa femme Mathilde, en 1079, elle aurait ressemblé à ça :

> Gerberoy,
> Normandie,
> janvier 1079.
>
> Très chère Mathilde,
> Tu ne devineras jamais ce que ce demeuré de Robert a encore inventé. Il m'a résisté ! Rien de moins ! Ce porcelet braillard et puant ! (passe-moi l'expression). Il s'est rebellé contre mon autorité, cet enfant dénaturé, j'ai donc rassemblé ma soldatesque et chevauché vers la citadelle de Gerberoy pour lui secouer les puces. Et devine quoi ? Il s'est barricadé à l'intérieur ! Alors moi, je l'ai assiégé. Rien de tel qu'une bonne famine pour ramener les gens à la raison. Surtout Môôôsieur Robert qui est si fine gueule et qui veut sa venaison à chaque repas.
> Mais figure-toi qu'au lieu d'attendre respectueusement ma paternelle déculottée, ce fils ingrat m'a chargé !

Ce culot ! (Entre nous, c'était une boulette car ton Guillaume est invincible.) Donc, ce morveux malfaisant me désarçonne (ne t'inquiète pas, ma poulette, je n'ai que quelques bleus), puis ses troupes de réserve fondent sur moi la bave au lèvres. Heureusement, un Anglais, Toki, a déboulé sur un destrier frais et m'a sauvé la mise. Le pauvre s'est fait tuer, mais je suis en vie, c'est le principal.

Maintenant, ma puce, ne t'affole pas : Guillaume junior a été blessé, mais il se remet vite, ce jeune héros, et je suis fort satisfait de lui. J'ai toujours dit qu'il était une nouille. Néanmoins, il deviendra roi d'Angleterre quand je siégerai sur le trône plus glorieux encore qui m'attend auprès du bon Dieu. Quant à Robert, il n'a qu'à garder la Normandie, et grand bien lui fasse.

À bientôt, à la maison,

Guillaume (le Conquérant).

> Normandie, janvier 1079.
>
> Bien cher Guillaume,
> Ce Robert ! Attends un peu que je le trouve et il verra ce qu'il en coûte de désarçonner son père ! Rappelle-toi, je t'ai toujours reproché de trop lui céder. Quelques fessées du plat de ton épée lui auraient fait le plus grand bien.
> M'est avis que tu as pris quelques kilos. Sinon, tu n'aurais pas eu besoin de Toki pour remonter en selle. Je vais te mettre au régime, mon grand. Tu ne perds rien pour attendre ! Pourrais-tu me rapporter quelques aunes de tissu normand ? Vert, si possible.
> Je te chauffe le trône en attendant. Dépêche-toi de rentrer. Tu manques beaucoup aux chiens.
>
> Baisers,
> Ta Mathilde.
>
> PS : Essuie-toi bien les pieds en entrant dans la grande salle. La paille du sol vient juste d'être changée.

Donc, Robert Courteheuse obtint la Normandie et, à la mort du Conquérant, Guillaume le Roux monta sur le trône d'Angleterre. Après quoi les frères s'entre-déchirèrent. Chacun voulait la part de l'autre. Un troisième fils, Henri Beauclerc, n'hérita que 5 000 livres d'argent. Lequel s'en sortit le mieux ? Henri !
Guillaume fut tué par une flèche alors qu'il chassait dans la New Forest. Certains historiens pensent qu'Henri avait arrangé l'accident. Henri devint roi après son frère puis partit conquérir la Normandie qu'il arracha à Robert.

Finalement, toutes les possessions du Conquérant tombèrent dans son escarcelle. Le féroce Normand aurait été fier de son gangster de fils.

La forêt fatale

La mort de Guillaume le Roux est un épisode célèbre en Angleterre. Henri fait un suspect idéal puisqu'il se trouvait sur les lieux lorsque son frère fut tué.
Mais le sort de Richard fut plus étrange encore. Richard qui, dites-vous ? Richard d'Angleterre, le quatrième fils du Conquérant. En 1074, il mourut dans un accident de cheval. Et devine où ? Dans la New Forest ! Sa fin fut particulièrement atroce. Il chargeait un gibier sur sa monture lorsqu'il entra en collision avec un arbre (il n'y avait pas de permis de conduire pour les cavaliers. Sinon, Richard serait encore là). Le prince fut transporté à Winchester où il décéda peu après des suites de ses blessures. Guillaume le Conquérant fut gravement affecté par cet événement (l'arbre aussi).

Folies féodales

Les Normands importèrent le système féodal en Angleterre. Le roi était en haut de la pyramide et les paysans en bas. Tout le poids de l'économie reposait sur eux. Ils travaillaient dans les champs et au château du souverain, ils réparaient ses routes... tout ça gratuitement. Le paysan cultivait sa propre terre pendant ses loisirs. L'une et les autres étaient fort réduits. Il devait payer un impôt au seigneur s'il faisait moudre son blé dans son moulin, pressait ses pommes dans son pressoir, cuisait son pain dans son four, ou faisait des bénéfices.

Le système féodal

> JE SUIS UN SERF. MON SEIGNEUR ME LAISSE VIVRE SUR SA TERRE. EN CONTREPARTIE JE TRAVAILLE POUR LUI. JE SUIS EN BAS DE L'ÉCHELLE SOCIALE.

> ET MOI UN BARREAU EN DESSOUS.

> JE SUIS UN FERMIER LIBRE. JE TIRE MA SUBSISTANCE DE LA TERRE DU SEIGNEUR. EN CONTREPARTIE, JE LUI VERSE UN LOYER. JE SUIS PAUVRE ET MALHEUREUX.

> ET MOI PAUVRE, MALHEUREUSE ET SURMENÉE.

> JE SUIS UN CHEVALIER. J'AI REÇU MA TERRE DU ROI. EN CONTREPARTIE JE COMBATS POUR LUI. JE PASSE MA VIE À GUERROYER.

> ET QUI SE TAPE LA GESTION DU DOMAINE ? C'EST BIBI.

> JE SUIS LE ROI. J'AI REÇU MA TERRE DE DIEU. EN CONTREPARTIE, JE DIS DES PRIÈRES, CONSTRUIS DES ÉGLISES ET COMBATS POUR SA GLOIRE. IL Y A TOUJOURS QUELQU'UN POUR CONVOITER MON TRÔNE.

> ET MOI, JE FAIS UN ENFANT PAR AN POUR ASSURER LA SUCCESSION. C'EST PAS UNE VIE.

> JE SUIS DIEU. JE VOULAIS FAIRE LES HOMMES ÉGAUX, MAIS C'EST RATÉ. HEUREUSEMENT, MA COLLABORATRICE VEILLE AU GRAIN.

> JE SUIS LA MORT. POUR MOI ILS SE VALENT TOUS, MAIS UNE BONNE PESTE AIDERAIT.

C'est sûr, les pestes du XIVe siècle ont transformé le monde. Après la peste noire, les paysans devinrent une denrée rare et donc précieuse.

> TRAVAILLEURS, TRAVAILLEUSES, VENEZ CHEZ MOI. JE VOUS PAIERAI DOUBLES GAGES.

> LE PAYSAN EST PLUS HEUREUX.

> ÇA S'ARRANGE.

> N'AYEZ CRAINTE, JE REVIENDRAI.

Tu penses que les paysans étaient plus heureux morts que vivants ? Erreur : quand un manant trépassait, le seigneur raflait ses possessions les plus précieuses. Après tout, elles lui avaient été seulement « prêtées » pour la durée de sa vie. Rien d'étonnant, donc, s'il y avait des...

Révoltes paysannes

Pendant cette époque atroce, les paysans avaient une vie malheureuse mais courte. Si l'épuisement ne les tuait pas, des maux tout bêtes s'en chargeaient. Par exemple les caries dentaires. Ou les empoisonnements alimentaires dus à la nourriture stockée pour l'hiver. Et puis il y avait de gentilles maladies optionnelles comme le feu de saint Antoine : la jambe ou le bras commençait à vous brûler, puis tombait.
Après la mort, il y avait le paradis. Théoriquement. Beaucoup pensaient que les paysans ne pouvaient aller au ciel : ils puaient tellement que les démons refusaient de les y emmener. Tandis que les paysans gelaient dans les champs, agonisaient dans les fossés ou dépérissaient dans des taudis, les riches s'amusaient. Au XIVe siècle, le comte Robert d'Artois possédait un délicieux jardin avec...
• Des statues qui vous crachaient dessus quand vous passiez devant.
• Une trappe qui s'ouvrait sous vos pas, vous laissant choir sur un lit de plumes.
• Un tuyau qui envoyait un jet d'eau sous les jupes des dames.
• Une statue qui gloussait comme un perroquet pour effrayer les passants.
• Une chambre dont la porte s'ouvrait en déclenchant un bruit de tonnerre.

> RIEN NE VAUT LE GRAND AIR POUR SE RELAXER.

Donc, les paysans détestaient les nobles. Ils n'allaient pas à l'école mais ils savaient faire une addition toute simple : eux, les gueux, ILS ÉTAIENT PLUS NOMBREUX. En 1358, les paysans français décidèrent de réagir. Leur révolte fut appelée la Jacquerie. Pourquoi ?

1) On les surnommait les « Jacques » car ce prénom était le plus commun à l'époque.

2) Ils portaient des vestes rembourrées de cuir bouilli en guise d'armure : les « Jacques ».

À toi de choisir entre ces deux explications. L'une d'elle est juste… ou toutes deux sont fausses !

Les nobles possédaient l'art de la guerre et savaient s'organiser. Pas les paysans. Leurs premiers succès furent donc dus à l'effet de surprise.

---

22 juin 1358

La Gazette de Paris

Au prix incroyable de 25 centimes

LES PAYSANS ÉCRASENT LES CHEVALIERS !

La vaillante armée paysanne s'est dotée d'un nouveau chef pour la conduire à la victoire : Guillaume Cale, ou Caillet. Homme providentiel, Cale possède le charisme et l'expérience du combat qui caractérisent les grands leaders.

La révolte a éclaté il y a quatre semaines. Outrés d'apprendre la capture du roi de France par les Anglais, les paysans se sont retournés contre les chevaliers qui avaient honteusement détalé en abandonnant leur souverain. Armés de haches, de fourches et de faux, 10 000 insurgés forcèrent plus d'une centaine de châteaux. Leurs occupants s'enfuyaient ou restaient à leurs risques et périls. Selon certains témoignages, des Jacques auraient rôti des nobles à la broche, puis auraient obligé leurs dames à consommer leur chair.

Fait exceptionnel et contre nature, un Anglais et un Français ont fait alliance pour défendre Meaux contre les Jacques. « Quand de nobles dames sont en danger, faut y aller », expliquèrent les chevaliers Captal de Buch et Gaston Phœbus à notre envoyé spécial.

Les chevaliers, mieux armés et au nombre de 120, ont décimé les Jacques. « Des épées contre des faux, c'est pas réglo », a protesté Cale.

Selon les rumeurs, Charles le Mauvais (« de Navarre » pour l'état civil) méditerait une contre-offensive dans l'Est de la France. « Le Mauvais ? Il a crânement réagi, a dit Cale. On n'en fera qu'une bouchée. »

La Gazette de Paris assure les Jacques de son soutien enthousiaste.

Hardi les gars !

Mais Charles de Navarre possédait une arme qui manquait à Guillaume Cale : l'intelligence !

La Gazette de Paris

22 Juin 1358

Au prix incroyable de 25 centimes

CALE ENFIN NEUTRALISÉ !

Les chevaliers ont écrasé la révolte. La Gazette de Paris est heureuse d'annoncer la mort de Guillaume Cale. Fin de la Jacquerie ! La paix est revenue dans nos cités dévastées.

Les sympathiques troupes de Navarre et les rats sanguinaires de Cale se sont battus près de Paris. Navarre ayant demandé à négocier, ce ballot de Cale s'est présenté sans escorte. Naturellement, Charles s'en est saisi et l'a jeté au cachot. « Tricheur ! », a braillé l'agitateur paysan dans l'indifférence générale. Privés de leur chef, ces voyous de Jacques ont été massacrés ou se sont enfuis avec une couardise révoltante.

Souriant, Navarre a accordé à Cale la couronne qu'il convoitait ; en fer et chauffée à blanc ! Puis il l'a décapité. Le vaillant Navarre envisage des représailles. « Les maisons, les champs et les familles des paysans seront détruits ! », a promis ce noble seigneur.

La Gazette de Paris approuve l'écrasement de ces hordes puantes et le retour aux affaires de nos dirigeants légitimes.

Charlie la Victoire.

Les paysans anglais avaient un train de retard par rapport aux Français. Ils ne se révoltèrent que 23 ans plus tard, en 1381. Si les chevaliers français étaient les rois de la triche, les Anglais n'avaient rien à leur envier, et leur roi Richard II les battait tous malgré son jeune âge (14 ans).
Les paysans du Sud de l'Angleterre étaient tellement écrasés par les impôts locaux qu'ils marchèrent sur Londres pour voir le roi Richard. Chemin faisant, ils massacrèrent quelques seigneurs impopulaires et plantèrent leurs têtes sur de longues piques.

Ainsi, les têtes des seigneurs se trouvaient à plusieurs coudées au-dessus des pieds puants des contestataires. C'était déjà ça. Le chef des insurgés s'appelait Wat Tyler. Ce qui dut poser quelques problèmes, car Wat sonne un peu comme « Walt » et beaucoup comme « What » (« quoi » en anglais).

Les 20 000 rebelles de Wat arrivèrent à Londres et présentèrent leur requête...

> NON AUX IMPÔTS LOCAUX !
> NON À L'ESCLAVAGE !
> DROIT DE CHASSE !
> LIBRE UTILISATION DES FORÊTS !

> LIBÉRER LES PORTEURS DE PANCARTES ?

Les « lords » de Londres firent des promesses. Wat n'y crut pas (sage Wat). Ses hommes dégainèrent leurs glaives fidèles quoique rouillés (c'est une image : ils utilisaient plutôt des faux). Ils marchèrent dans Londres, tuèrent un évêque, un seigneur ou deux, et tous les étrangers qu'ils croisèrent. Le jeune Richard II, perché sur un cheval de guerre, offrit à Wat son soutien. Wat y crut (imprudent Wat) et se vanta :

> *Dans quatre jours, toutes les lois d'Angleterre sortiront de ma bouche !*

Hélas, Wat Tyler n'avait pas lu ce livre. Ignorant le sort funeste de Guillaume Cale 23 ans plus tôt, il accepta de rencontrer le roi et ses gardes à Smithfield.

Certains historiens disent que c'est une dispute avec l'écuyer du roi qui mit le feu aux poudres. Wat sortit son couteau. Le lord-maire de Londres, William Walworth, dégaina à son tour et le tua. Privés de leur chef, les paysans anglais se rendirent comme l'avaient fait les Français après la mort de Cale. Ça prouve que l'histoire se répète, se répète, se répète, se répète... La tête de Wat fut plantée au bout d'une lance. Le chef des paysans était devenu un paysan sans chef (tête).

La Saxonne nue

Guillaume le Conquérant est aussi connu pour le « Domesday Book », un livre où étaient recensées toutes les propriétés des Anglais. Une fois qu'on connaissait la fortune des gens, on pouvait leur faire payer l'impôt. Ce n'était pas une nouveauté : les pauvres s'étaient frottés à ce système bien avant l'arrivée des Normands.

La meilleure combine anti-fisc fut imaginée par une Saxonne, lady Godiva. Roger de Wendover fut le premier à relater son incroyable exploit. Tu trouveras son récit ci-dessous en français moderne. Cherche l'élément qui manque dans cette version primitive.

La bonne comtesse Godiva souhaitait faire exempter de l'impôt sa ville de Conventry, qui ployait sous des charges écrasantes. Moult fois elle implora son époux, le mesquin Léofric de Chester. Le bien nommé Léofric lui riait au nez : « Bécasse idéaliste ! Il nous faut cet argent pour maintenir notre train de vie. N'en parle plus, de grâce. »

Mais la comtesse était affligée d'une obstination typiquement féminine (ndlr : cette remarque sexiste ne passerait plus aujourd'hui). Elle harcela son époux jusqu'au jour où, excédé, il la rembarra en ces termes : « Dévêts-toi, monte sur ton palefroi et traverse la place du marché au vu et au su de tous. Alors, j'accèderai à ta demande. »
La comtesse défit ses longs cheveux, s'en couvrit comme d'un voile et enfourcha son cheval. Escortée par deux chevaliers, elle traversa la place du marché sans qu'on aperçût un pouce de son corps, à part ses jolies jambes fines. Son excursion terminée, elle rentra joyeusement au château où l'attendait Léofric. Abasourdi, le comte exempta de l'impôt la bonne ville de Coventry.

> AU MOINS, ELLE N'IRA PLUS COURIR LES SOLDES !

Et voici la pièce manquante...

Un siècle plus tard, un historien ajouta un personnage à cette histoire. Un diabolique individu nommé Tom le Mateur. Dans cette version, tandis que les gens de Coventry fermaient portes et volets pour ménager la pudeur de la comtesse, l'infernal Tom épiait la belle dénudée.
Moralité : Ne croyez pas tout ce qu'on vous raconte, surtout si c'est historique.

Le savais-tu ?
Les nobles possédaient leurs paysans, considérés comme une partie intégrante de leur patrimoine. Un noble attaqué se barricadait derrière les murailles de son château. La manière la plus efficace de lui faire rendre gorge était donc de s'en prendre à ses paysans dans les villages alentours. Dans la France du XIIe siècle, Thomas de Marle, surnommé « le loup enragé », fondit ainsi sur les manants de son père pour leur couper les pieds et leur arracher les yeux. C'est pas croyable !

> IL FAUT COMMANDER D'AUTRES PAYSANS, CEUX-LÀ SONT CASSÉS.

Pestilence, fièvres et épidémies

En 1347, la Mort arpentait l'Europe, fauchant les gens au petit bonheur avec sa longue faux (Swish ! Swish !), mais loupant parfois son coup. En 1349, elle traversa la Manche et débarqua dans les Îles britanniques. Le peuple terrifié se demandait qui serait le prochain sur sa liste. Le journal d'un Italien donne quelques précisions…

> CERTAINS GONFLEMENTS APPARAISSAIENT À L'AINE ET SOUS LES BRAS. LES MALADES CRACHAIENT DU SANG ET EN TROIS JOURS, ILS PÉRISSAIENT.

Du pus et du sang suintaient des bubons. La peau se couvrait de taches violettes et noires. Une odeur méphitique et écœurante se dégageait du malade. Pus + bubons + puanteur = c'en était fait de vous !

L'arme fatale de la Mort était la peste bubonique. Les hommes tombaient par dizaines, par centaines. Leurs cadavres étaient chargés dans des charrettes et jetés dans des fosses ou, comme en Avignon, dans le fleuve.

ÇA MORD, CHÉRI ?

La Faucheuse préférait la chair fraîche. Ses chouchous étaient les enfants. Aujourd'hui, on sait pourquoi : à force d'être malades, les adultes ont fabriqué des anticorps. Les enfants en ont moins et sont donc moins résistants. Mais bien sûr, les prêtres avaient une autre explication. L'un d'eux déclara :

> *Il se peut que la vengeance divine frappe les enfants parce qu'ils ont manqué la messe ou méprisé leur père et mère. Dieu tue les enfants par la peste, on le constate quotidiennement, parce que Sa loi punit de mort les enfants rebelles ou désobéissants.*

Tu vois, rien n'a changé.

OBÉISSEZ... OU VOUS MOURREZ !

SWISH !

Quelques remèdes loufoques

Le problème, c'est que les médecins ignoraient les causes de la peste et ne savaient pas comment la guérir. À l'époque, on croyait qu'elle s'attrapait...
• en regardant un malade ;
• en respirant un air pollué ;
• en buvant à un puits empoisonné.

Pour les Français, les empoisonneurs étaient les Anglais. En Espagne, on accusait les Arabes. En Allemagne, les suspects étaient cloués sur des tonneaux et jetés à l'eau. Et partout, les pestiférés étaient montrés du doigt.

Les remèdes étaient souvent aussi atroces que la maladie. Les médecins prescrivaient des thérapies complètement loufoques selon les critères d'aujourd'hui. Par exemple :
• porter un bec de pie en pendentif pour guérir les maux de dents ;
• ouvrir un trou dans le crâne pour laisser sortir le diable, opération censée guérir la folie.

Contre la peste, ils n'avaient aucune chance. Ils conseillaient :
• de jeter des herbes odoriférantes dans le feu pour nettoyer l'atmosphère ;
• de séjourner dans un égout. Ses vapeurs empoisonnées étaient supposées chasser celles de la peste, moins virulentes ;

• de boire une potion préparée avec une mélasse de dix ans d'âge ;
• d'absorber de la poudre d'émeraude (pour les riches uniquement) ;

- de manger de l'arsenic (à vos risques et périls) ;
- de saigner le patient (après avoir consulté son horoscope) ;
- d'abattre tous les chiens et chats de la ville ;
- de raser le derrière d'un poulet vivant et de l'appliquer sur les plaies ;

> ILS SONT COLLANTS, CES POULETS !

- d'aller de ville en ville en se flagellant.

> JE T'ASSURE, C'EST TRÈS TONIFIANT !

Les médecins observaient l'urine du patient. S'ils y trouvaient du sang, son compte était bon.

Certains malades s'en sortaient grâce à leurs résistances naturelles. D'autres adoptaient le seul remède disponible : la fuite. Les riches abandonnaient les villes infestées et se réfugiaient dans leurs domaines campagnards. Les pauvres restaient et mouraient.

Les causes de la peste n'ont été découvertes qu'il y a une centaine d'années. On attribue souvent sa propagation aux rats. En réalité, les responsables sont les puces. Elles s'installent sur les rats, s'en nourrissent et les infectent jusqu'à ce que mort s'ensuive.

Le rat crevé est horriblement fadasse, les puces se cherchaient donc un nouveau bifteck. S'il n'y avait pas de rat dans les environs, elles sautaient sur un être humain et le contaminaient.

Quand leur nouveau copain mourait, elles s'en choisissaient un autre, en général la personne qui avait soigné leur dernière victime. Et ainsi de suite.

Les Écossais malades de la peste

La peste frappait sans distinction de rang ou de nationalité. Les Écossais, qui exécraient les Anglais, furent ravis quand la contagion décima leur vieil ennemi. 1349 leur parut l'année idéale pour envahir l'Angleterre, car elle serait trop affaiblie pour pouvoir se défendre. Tandis qu'ils rassemblaient leurs troupes, la maladie se déclara. Elle faucha quantité de soldats et ceux qui prirent la fuite furent plus nombreux encore. Ils rentrèrent chez eux à bride abattue, emmenant le bacille dans leurs bagages. Anglais ou Écossais, Dame Peste ne faisait pas de différence.

Les cabots pestiférés

La peste a inspiré de nombreux mythes. À Messine, en Sicile (Italie), on disait qu'elle prenait la forme d'un gros chien noir qui saccageait les autels et les ornements des églises avec l'épée qu'il tenait entre ses pattes. De nombreux Siciliens juraient l'avoir vu !

En Scandinavie, on croyait que la vierge de la peste sortait de la bouche des morts, et allait infecter la maison voisine sous la forme d'une flamme flottante. (Ne jamais faire du bouche-à-bouche à un pestiféré : tu aurais les lèvres gercées !)

En Lithuanie, une autre vierge attirait la peste dans la maison en agitant un mouchoir rouge à la fenêtre. Elle fut prise la main dans le sac par un Lithuanien héroïque qui la lui coupa (la main). Il mourut mais le village fut sauvé. Le mouchoir fut longtemps conservé dans l'église locale. Si ça se trouve, sa propriétaire n'était qu'une innocente victime.

Les fouetteurs du diable

Au Moyen Âge, on croyait que les mauvais penchants étaient inspirés par le diable qui possédait les gens de l'intérieur, et que la meilleure façon de le chasser était de s'accabler de coups de fouet. Des groupes de 2 à 300 personnes appelés « flagellants » circulaient dans toute l'Europe en se fouettant mutuellement pendant 33,3 jours – autant que d'années vécues par Jésus-Christ. Leurs fouets étaient munis d'un bout de métal pour faire encore plus mal. En plus, ils devaient se soumettre à de nombreuses contraintes.

Interdit de :
- Se raser.
- Se laver.
- Se changer.
- Se coucher dans un lit de plumes.
- S'entretenir avec les femmes.

Au début, les flagellants accusèrent les prêtres d'être responsables de la peste. Comme l'Église les menaçait d'interdiction, les flagellants changèrent de cible et s'en prirent à plus faibles qu'eux : les juifs. Ils se ruèrent dans les quartiers qui leur étaient réservés et massacrèrent tous ceux qui leur tombaient sous la main.

Dans certaines villes allemandes, comme Worms, en 1349, les juifs prirent les flagellants de vitesse : ils se suicidèrent en incendiant leurs maisons. La même année, 6 000 d'entre eux moururent à Mayence, et aucun des 3 000 juifs d'Erfurt ne survécut.

Mortelles médecines

La peste noire n'était pas la seule maladie dont les gens du Moyen Âge étaient affligés. Depuis des temps immémoriaux, on prenait la saignée pour la panacée universelle. Cette opération consistait à tirer du corps le mauvais sang qui l'empoisonnait. C'est le barbier qui s'en chargeait (si tu étais pressé, il pouvait te raser et te couper les cheveux pendant que ton sang dégouttait dans la bassine). On reconnaissait sa boutique au bol de sang frais qu'il mettait dans sa vitrine. Les Londoniens finirent par trouver cette habitude choquante et l'interdirent en 1307. Après, on jeta le sang dans la Tamise.

Les gens du Moyen Âge pratiquaient d'autres thérapies tout aussi pittoresques. Reporte-toi à la liste des maladies de la page suivante et cherche le remède correspondant. Et tant pis si tu as faux : de toute façon, aucun ne marchait !

REMÈDES
A) ABSORBER UNE EMERAUDE PILÉE
B) MANGER DU GINGEMBRE
C) SE BOURRER LES NARINES D'UNE PURÉE DE MOUTARDE ET D'OIGNONS
D) APPLIQUER UN CATAPLASME DE FARINE ET DE GRAISSE DE BACON
E) MANGER DE LA MÉLASSE
F) SE LAVER LES CHEVEUX AVEC DE L'URINE DE JEUNE GARÇON
G) PORTER EN COLLIER UN SAC CONTENANT UN CRAPAUD SÉCHÉ
H) APPLIQUER UNE PEAU DE LOUP SUR LA LÉSION
I) APPLIQUER UN CATAPLASME À BASE DE CROTTES DE CHÈVRE, DE MIEL ET DE ROMARIN
J) INHALER LA FUMÉE DE PLUMES BRÛLÉES
MALADIES
1 TEIGNE
2 GOUTTE
3 PESTE
4 MALADIES DE PEAU
5 PERTES DE MÉMOIRE
6 INSOMNIE
7 ECCHYMOSES
8 ÉVANOUISSE-MENTS
9 NEZ BOUCHÉ
10 HÉMORRAGIES INTERNES

Réponses :

1f) Se laver avec de l'urine est très malsain, la teigne avait donc peu de chances d'y résister (le patient aussi. À déconseiller).

2i) Attention ! Ne pas manger le miel après traitement.

3a) Les médecins vendaient des émeraudes ou des perles broyées aux riches pestiférés. C'était très sain pour leur porte-monnaie, mais pas pour les malades.

4h) Au milieu du XIVe siècle, un vicaire fut surpris en train de mettre en tonneau les cadavres puants de quatre loups qu'il voulait conserver. Selon sa théorie, la maladie « se nourrirait » de la peau des quadrupèdes et laisserait les patients tranquilles. Les chirurgiens furent outrés par cette concurrence.

5b) J'ai déjà pris du gingembre contre les pertes de mémoire. C'est un remède inoffensif et, je crois, efficace (mais je ne me souviens plus très bien).

6e) La mélasse était le remède universel du XVe siècle. Elle guérissait tout, des crises de mutisme aux morsures de serpent.

7d) Pour un maximum d'efficacité, la graisse de bacon doit être mélangée à de la graisse d'ours sauvage. Le problème, c'est que tu auras encore plus de bleus si tu te bats contre un ours. Il faudrait alors en trouver un autre pour prélever sa graisse, etc. Avertissement : ne tue pas ton professeur, il n'a de l'ours que le caractère.

8j) Assure-toi que les plumes sont bien détachées du poulet, avant d'y mettre le feu. La S.P.A. est très chatouilleuse sur ce point.

9c) Pas très sympa, comme thérapie.

10g) Si tu es gêné de porter un crapaud séché autour du cou, fais croire à tes copains que c'est la dernière tendance. Autre possibilité : saigner à mort.

Remèdes d'alcoolos

Selon les médecins, la meilleure façon d'éviter la gueule de bois était de ne jamais boire avec son chapeau sur la tête, car il empêcherait l'évacuation des fumées nocives, causes de migraines. Pour les reins, la décoction d'insectes de John de Gaddesden était souveraine :

Couper les ailes et les têtes des grillons, et les plonger avec des scarabées dans un pot d'huile. Couvrir et laisser reposer un jour et une nuit dans un four à pain. Sortir le pot et le chauffer à chaleur moyenne. Piler le tout et en frotter les parties malades. En trois jours, la douleur disparaît.

La difficulté est de trouver des scarabées et des grillons assez compréhensifs pour se laisser attraper et décapiter.

Médecine arabe

Les médecins arabes étaient très en avance sur leurs confrères européens.

Ils appliquaient des traitements plus humains et plus efficaces, et considéraient les médecins européens comme de dangereux dingues. Usama ibn Muniqidh raconte cette histoire : un docteur arabe soignait un chevalier qui avait un abcès à la jambe et une femme aux poumons malades. Pour le premier, il fabriqua un emplâtre aux vertus éprouvées. À la seconde, il prescrivit des aliments frais pour pallier ses carences. « Vous n'y connaissez rien », déclara un médecin européen qui passait par là. Il prit une hache et coupa la jambe du chevalier, qui mourut. Puis il fit un trou dans la tête de la femme, en extraya le cerveau et le frotta de sel. La femme mourut.
« J'espère que vous tirerez profit de cette leçon, déclara-t-il au médecin arabe.
– C'est déjà fait », répondit celui-ci.

CONSEIL D'AMI : NE JAMAIS TOMBER MALADE EN GRANDE-BRETAGNE.

Les premiers médecins volants

Les Australiens sont fiers de leurs « médecins volants », un service médical qui sillonne leur immense pays en avion, mais le premier docteur à voyager par les airs fut le docteur Damien, de Stirling, en Écosse. Ce médecin catastrophique tua plus de gens qu'il n'en guérit. Jacques VI devait avoir le cerveau ramolli, car il le chargea de transformer en or de vils métaux et lui versa à cet effet de véritables fortunes. Bien sûr, Damien ne réussit jamais.

En 1504, il décida d'apprendre à voler. Un témoin raconte :

Damien souhaitait voler comme un oiseau. Il se fabriqua donc des ailes avec des plumes, les attacha à sa personne et s'élança des murailles du château de Stirling. Mais aussitôt, il tomba au sol et se cassa trois os. En guise d'explication, il invoqua le fait que ses ailes comportaient des plumes de poulet et que ces volatiles « sont plus faits pour les tas de fumier que pour les airs. »

Heureusement, Jacques VI, assez bon médecin lui-même, rafistola l'aéronaute raté. Conclusion, le premier médecin volant n'était pas un aigle.

Déloyaux chevaliers

Les Normands apportèrent en Grande-Bretagne l'art de construire des châteaux. Au début, des palissades de bois érigées sur des hauteurs suffisaient à les protéger contre les attaques des Anglais. Une fois bien implantés, ils se construisirent des châteaux plus grands et en bonne pierre solide car, désormais, les Normands devaient se protéger de leurs propres compatriotes !

Bien sûr, ces châteaux n'étaient pas faits pour les manants, mais pour les chevaliers. Des guerriers riches, puissants, barricadés derrière leurs armures. Des brutes épaisses et basses de plafond, qui tabassaient les paysans anglais pour leur faire faire leurs quatre volontés, et même les paysans étrangers lorsqu'ils se battaient pour leur roi loin de leur contrée.

> IL N'Y A PAS PLUS PUANT QU'UN MANANT RAMPANT, SINON UN MANANT INCAPABLE DE RAMPER EN ANGLAIS.

Ensuite, les chevaliers eurent une initiative désastreuse : ils apprirent à lire. Les histoires qu'ils découvrirent parlaient d'un ancien roi, appelé Arthur, qui avait des idées abracadabrantes. Par exemple, que les chevaliers devaient se conduire comme des *gentlemen*, traiter avec respect les dames et mêmes leurs propres ennemis. Édouard III, qui régna de 1327 à 1377, poussa le vice jusqu'à fonder une Table ronde pour imiter le mythique Arthur.

Désormais, les combats devaient obéir à des règles. On ne pouvait plus attaquer son adversaire par derrière et le poignarder dans le dos, une initiative souvent plus simple et qui évitait beaucoup d'ennuis. Il fallait lui lancer un défi et s'entendre avec lui sur le lieu et l'heure de la rencontre. Imagine-toi en train de dire à un camarade exécré : « Excuse-moi, mec : pourrais-tu m'attendre jeudi prochain à midi dans le champ, près de la rivière, afin que je puisse t'éclater la rate ? »

> PARDONNEZ-MOI ! MA CERVELLE A GICLÉ SUR VOTRE BELLE ARMURE TOUTE PROPRE.

Mais, comme disait l'élève qui avait posé une punaise sur la chaise du surveillant général : « Les règles sont faites pour être violées. » Ces chevaliers qui courtisaient la gloire dans leur armure étincelante n'ont aucune raison de te filer des complexes. Certains violaient allègrement le code de l'honneur et trichaient sans scrupule. Tous les chevaliers n'étaient pas chevaleresques, toutes les vierges n'étaient pas des saintes, et leurs histoires ne finissaient pas forcément bien.

En voici une qui s'est vraiment passée au XIIe siècle, au château de Ludlow, à la frontière entre l'Angleterre et le pays de Galles.

Le chevalier félon et la fille du geôlier

« Je suis beau, fort et brave, et les femmes m'adorent ! N'importe quelle greluche serait fière d'être à mon bras », s'exclama Geoffrey.
Son rire résonna sur les murs glacés du cachot. Le rat qui constituait sa seule compagnie remua les moustaches et fila sous la couche de paille.
« Vous ne me croyez pas, Messire le Rat ? Moi, je parie mon pain sec que je serai sorti d'ici avant la fin de la semaine », plastronna le chevalier.

Des clés fourragèrent dans la serrure. Geoffrey brossa hâtivement les brins de paille qui constellaient son vêtement, bomba le torse et arbora un sourire conquérant. La porte s'ouvrit devant une jeune fille qui portait une assiette de gruau et une chope de bière. La puanteur lui fit plisser le nez. Elle posait soigneusement son fardeau par terre, lorsque Geoffrey bondit sur elle et lui attrapa le poignet dans un grand bruit de chaînes.
« Accorde-moi quelques instants, Marian, chuchota-t-il.
– Mon père va se méfier » gémit la jeune fille.
Mais Geoffrey se contenta de resserrer son étreinte.

« Écoute : hier, Sa Seigneurie m'a rendu visite. Elle m'a donné trois jours pour avouer comment nous comptions assiéger le château, mais je ne puis trahir mes amis.
– Et si vous ne parlez pas ?
– Je serai torturé. D'abord, on m'appliquera des fers brûlants sur le visage...
– Non !
– La douleur ne me fait pas peur, dit noblement Geoffroy, mais je crains qu'aucune donzelle ne veuille plus de moi quand je serai complètement défiguré. À moins qu'on ne m'arrache les yeux...
– Non ! Sa Seigneurie n'est pas un méchant homme.
– Nous verrons, dit le jeune homme avec philosophie. Ou plutôt, tu verras, car mes orbites seront vides.
– Comment avez-vous le cœur de plaisanter ?
– Tu as raison. Je détesterais être aveugle : je ne pourrais plus contempler ton joli minois... »

La jeune fille rougit, s'arracha à la poigne du chevalier et s'enfuit en claquant la porte. Geoffrey eut un sourire triomphant. Le lendemain, Marian entra en silence, s'agenouilla près du

jeune seigneur, sortit une petite clé de sa ceinture et détacha les chaînes qu'il portait aux poignets. Puis elle prit une autre clé sur l'anneau et la lui glissa dans la paume.
« C'est celle de la porte du château », murmura-t-elle.
Il lui toucha doucement la main.
« Tu me sauves la vie. Cette dette ne s'éteindra que lorsque je t'aurai épousée.
– Allez-vous m'emmener ? s'enquit Marian, saisie.
– Pas tout de suite, répondit-il d'un ton apaisant. Laisse-moi le temps de m'enfuir et couvre-moi aussi longtemps que tu pourras. Je reviendrai te chercher dans une semaine à compter de ce jour. Voici mon plan... »

Alors que la cloche du monastère sonnait minuit, le prisonnier se glissa dehors à la lueur de la lune et vola un cheval au village. Une heure après, il était à dix miles de Ludlow. Une semaine plus tard, il était au pied du château, comme promis. Une échelle, en solide corde de cuir l'attendait. Elle menait à une fenêtre de la tour ouest que les gardes ne surveillaient pas. Geoffrey l'escalada rapidement et sentit les fortes mains de Marian l'agripper et le tirer à l'intérieur. Voyant le regard du chevalier briller d'excitation à la lumière de la chandelle, Marian sourit nerveusement et s'approcha de la fenêtre.
« Où vas-tu ? fit-il d'un ton sec.
– À l'échelle. Je pars avec vous.
– Accueillons d'abord nos invités, dit-il avec un mauvais sourire. Des amis à moi qui souhaitent prendre leur revanche sur ton seigneur. »

Le visage d'un homme apparut à la fenêtre. Geoffrey le tira à l'intérieur de la pièce. Un deuxième larron surgit, puis un troisième, puis un quatrième. Cinq minutes plus tard, à la consternation de Marian, la chambre était remplie de guerriers aux traits patibulaires et aux poignards effilés, vêtus de

bottes souples et de grosses vestes de cuir.
Ignorant la détresse de Marian, Geoffrey s'adressa à ses compagnons.
« Tuez les gardes, jetez leurs corps par-dessus la muraille et baissez le pont-levis.
– Mon père est de service cette nuit ! protesta Marian.
– Tuez tous les gardes, articula Geoffrey d'un ton sinistre. Nos troupes les achèveront. »
Marian allait hurler, mais une rude main de soldat lui bâillonna la bouche. Réduite au silence, elle vit les conspirateurs quitter un à un la pièce.

« Les femmes sont idiotes », siffla le soudard à son oreille. La jeune fille étouffait mais elle avait gardé les mains libres. Tandis que le soldat la serrait contre lui, elle enleva avec d'infinies précautions le poignard qu'il portait à sa ceinture, l'appuya sous les côtes du reître et poussa de toutes ses forces. Les yeux de l'homme s'écarquillèrent, montrant plus de surprise que de douleur. Un gargouillis lui échappa, il tenta désespérément d'arracher la lame de son flanc, puis glissa lentement sur le sol.

Marian se rua sur les remparts. La nuit résonnait de cris et de bruits de lutte. Le pont-levis s'abaissa avec fracas, livrant passage à une horde de chevaliers lancés au galop.
Un cri s'éleva alors au-dessus des pleurs et des gémissements :

« Nous avons été trahis ! »

Marian revint dans la pièce sans un regard pour le cadavre du soldat.

« Oui, nous avons tous été trahis », murmura-t-elle. Puis elle se jeta par la fenêtre.

Dans le chaos et l'obscurité, personne n'entendit son cri léger ni le bruit sourd de son corps qui s'écrasait sur les rochers.

Savais-tu que...

Marian n'est pas un cas unique. Un voleur détenu à Haverfordwest, dans le pays de Galles, se lia d'amitié avec de jeunes aspirants chevaliers. Il leur réparait leurs têtes de flèches. Les garçons supplièrent qu'on lui accorde une permission de sortie et jurèrent de le surveiller. Il les prit en otages et se servit d'eux pour négocier sa libération.

Marian ne fut pas la seule infortunée à faire une chute fatale du sommet d'un château. À Abergavenny, à la frontière galloise, une damoiselle se tua en essayant de rattraper son écureuil familier qui s'était échappé.

Les gais bouffons

Dans les châteaux, il n'y avait pas que des courants d'air, des oubliettes et des traîtrises fatales. Il y avait aussi des fêtes et des réjouissances où le bouffon menait la danse.

Un auteur du XIIIe siècle décrit les talents qu'un bouffon doit posséder pour être engagé à la cour :

> # Offre d'emploi
>
> Bouffon royal. Doit pouvoir raconter des histoires, imiter les oiseaux, attraper de petites pommes sur un couteau, faire des tours de cartes, jouer de seize instruments et sauter à travers un cerceau (mais pas simultanément).

La blague du bouffon

La première qualité du bouffon était la vivacité d'esprit. En 1340, à la bataille de Sluys, les archers anglais criblèrent de flèches les Français, qui durent quitter leurs navires et leur flotte fut détruite. Personne n'osait avertir le roi de France, Philippe VI. Alors, son bouffon s'avança vers lui...

> CES PLEUTRES D'ANGLAIS...
>
> POURQUOI PLEUTRES ?
>
> ILS N'ONT PAS OSÉ SE JETER À L'EAU COMME NOS BRAVES SOLDATS FRANÇAIS !

On racontait que les poissons avaient bu tant de sang français que, s'ils avaient pu parler, ç'aurait été dans la langue du roi Philippe...

Conte terrible

Il y avait aussi des ménestrels qui narraient des histoires héroïques pleines de chevaliers, de dragons et de gentes dames. Certaines étaient particulièrement croustillantes. Elles auraient fait d'excellentes BD, si ce genre avait existé à l'époque. « Renault et la dame de Fayel », par exemple.

APRÈS MA MORT, CRÉTIN ! S'CUSEZ-MOI, PATRON.	LE MARI SOURNOIS INTERCEPTA LE CŒUR, LE FIT PRÉPARER AUX CUISINES ET LE SERVIT À SA FEMME… UN PEU DE CŒUR, MON SUCRE ? MERCI, TRÉSOR.
MAIS IL EUT UN CHOC TERRIBLE LORSQU'ELLE DÉCLARA : JE N'AI JAMAIS RIEN GOÛTÉ D'AUSSI DÉLICIEUX. C'ÉTAIT DIVIN ! JE NE MANGERAI PLUS JAMAIS. MON STRATAGÈME A FAYI !	LA DAME DE FAYEL MOURUT D'INANITION. FIN !

Des Angevins peu angéliques

Étienne, qui succéda à Henri Ier, fut le dernier roi normand d'Angleterre. Le duc d'Anjou convoitait le trône, et comme il était très mal embouché, personne n'osa le lui disputer, pas même les fils d'Étienne.

Quand Étienne mourut, en 1154, Henri d'Anjou devint donc Henri II, premier roi angevin d'Angleterre. Il avait plein de projets intéressants. Le premier domaine auquel il s'attaqua fut la loi. Désormais...

• Les inculpés seraient jugés par des individus de même classe sociale, les jurés (un peu comme si c'était à tes camarades de classe de décider si tu étais coupable d'avoir déclenché une bataille de boulettes de pain à la cantine et le chahut qui va avec.)

• Les juges choisissaient la punition appropriée (un peu comme si ton professeur décidait que c'était aux élèves de balayer la cantine et de nettoyer les traces de sauce sur les murs.)

• Les habitants de la ville remplissaient à tour de rôle la fonction de « constable », qui consistait à arrêter et questionner les individus suspects, et à faire régner la loi (un peu comme si l'un de tes camarades de classe était chargé de patrouiller entre les tables pour vous empêcher d'utiliser le pain en guise de munitions.)

Crimes et châtiments

Le crime ne paie pas : tel était le message que la loi voulait envoyer aux mauvais sujets anglais qui méditaient meurtres, vols et trahisons. Guillaume le Conquérant avait aboli la peine de mort mais elle fut bientôt rétablie après son décès. Malheureusement, les exécutions ne laissaient qu'un souvenir passager. Il fallut donc trouver un moyen d'impressionner durablement le peuple. Ce fut vite fait.

> *J'ai vu, sur le pont de Londres, les têtes de deux ou trois hommes plantées sur une pique, et sur Ludgate Arch, la partie supérieure d'un corps, présentée de la même façon. En face, on voyait pendre la partie inférieure et une jambe. Quel étrange spectacle offrent les cheveux qui tombent ou se dessèchent, les tendons du nez dévorés par les oiseaux et les doigts qui se rident et se décharnent jusqu'à l'os ! C'est un avertissement pour tous les jouvenceaux, une vision qui devrait les pousser à se garder de toute mauvaise conduite.*

Ce joli morceau de littérature est l'œuvre d'un maître d'école. Il servait d'exercice aux enfants qui devaient le copier en latin et en méditer la morale : tel sera votre sort si vous sortez du droit chemin !

Crimes et farces

Les pauvres gens d'Angleterre avaient grand besoin d'un cadre juridique. Les rois et les barons s'affrontaient continuellement et la loi du plus fort régnait dans le royaume. Le Moyen Âge fut une époque cruelle et dangereuse où le crime n'était pas le privilège des paysans déshérités...

1. Robin des Bois a peut-être sévi dans les forêts royales de

Sherwood, dans le Nottinghamshire... mais certains pensent que ce personnage est aussi fictif que Mickey Mouse. En revanche, sir Gosseline Denville a bel et bien existé. Après avoir dilapidé la fortune familiale, il devint la terreur du Nord de l'Angleterre. Comme tous les tyranneaux de son genre, il préférait s'attaquer à plus faible que lui, en général les couvents et les monastères. Finalement, il se fit coincer dans le Yorkshire par un shérif, épaulé par 600 hommes, qui lui intima de se rendre. Qu'arriva-t-il ensuite ?

2. Les hommes d'Église ne valaient pas mieux que les laïcs. Les monastères possédaient de vastes domaines et employaient de véritables gangs pour arracher aux paysans miséreux des loyers exorbitants. En 1317, une bande se saisit d'un voyageur qui se rendait dans un monastère et lui réclama 200 livres de rançon. Qu'avait-elle de particulier ?

3. Un prêtre écossais sacrifia un homme lors d'une séance de magie noire. En punition, il eut les pieds et les mains coupés, et les yeux arrachés. Pris de pitié, le roi David d'Écosse accueillit le pauvre infirme dans son palais. En 1114, le prêtre le remercia en assassinant son jeune fils et en mettant son corps en pièces au moyen de sa main artificielle en acier. David lui fit subir le même sort. Comment procéda-t-il ?

4. Les frères de Folville firent une brillante carrière de voleurs et de rançonneurs, mais Eustace de Folville fut absous de tous ses crimes quand il rejoignit les armées royales. Son frère, le riche Richard, était prêtre. Un officier du roi le pourchassa jus-

qu'aux portes d'une église où il s'était réfugié. Richard invoqua le fait que personne n'avait le droit de le toucher tant qu'il se trouvait dans le sanctuaire. L'officier le traîna quand même dehors et le décapita. Comment fut-il récompensé ?

5. Sir Roger Swynnerton, du Staffordshire, fut inculpé d'assassinat. Bien que plusieurs témoins l'aient vu accomplir son forfait, sir Roger fut autorisé à revenir au village de Swynnerton où il avait commis son crime. Que fit-il alors ?

6. Henri II en avait sa claque de Thomas Beckett, archevêque de Canterbury, et il eut le tort de le faire savoir. Quatre chevaliers crurent lui rendre service en le débarrassant de l'archevêque. Ils allèrent à la cathédrale et battirent à mort le religieux cramponné à l'autel. Apprenant la nouvelle, Henri fut accablé de remords. En guise d'expiation, il se rendit à la cathédrale, remonta la nef pieds nus et s'abîma dans ses prières. Plusieurs moines et prêtres participèrent à cette séance d'auto-punition. Que firent-ils ?

Réponses :

1. Denville et sa bande tuèrent 200 hommes avant d'être enfin capturés.

2. Tous les membres de la bande étaient des moines ! Ce qui n'avait rien de bien surprenant : plusieurs textes du XVe siècle évoquent l'arrestation de membres du clergé, braconniers, voleurs de grand chemin ou faux-monnayeurs. Ils étaient aussi connus pour leurs excès de boisson et leur amour du jeu. En 1453, deux prêtres furent arrêtés pour avoir roué de coups un habitant d'Oxford avec l'aide d'un maître d'école !

3. Un cheval sauvage fut attaché à chacun de ses membres et lancé au galop. Ton école d'équitation ne te permettra pas d'essayer ce genre de torture sur ton professeur, mais tu peux tenter le coup au nom de la recherche historique.

> AU MOINS, C'EST UN EXERCICE CONCRET.

4. L'officier qui avait violé la loi d'asile et tué un prêtre fut condamné à être bastonné devant la porte de toutes les églises de la région !

5. Le meurtrier était si remonté contre les témoins qu'il les condamna à lui payer 50 marcs chacun en dédommagement.

6. Ils le déshabillèrent jusqu'à la taille et chacun lui administra de 3 à 5 coups de fouet.

Punitions sadiques

Henri II s'efforça de moderniser la loi, mais les punitions que ses sujets encouraient étaient d'un très ancien régime et surtout très, très vicieuses.

Le faux-monnayeur
Nom : John Stubb.
Crime : A contrefait la monnaie royale et s'est servi de ses fausses pièces pour acheter de la nourriture.
Châtiment : On lui ficela la main à une pièce de bois, on posa dessus une hache et on la frappa à coups de marteau jusqu'à ce que le membre soit entièrement sectionné. (L'amputation de la main était exceptionnelle mais fut autorisée par la loi jusqu'en 1820.)

Le voleur
Nom : Peter de Clarendon.
Crime : A volé un cheval de la valeur de 2 shillings.
Châtiment : Le shérif du Wiltshire fit creuser et remplir d'eau un trou. L'eau fut ensuite bénie par un prêtre, puis on y jeta le criminel. S'il coulait, cela signifierait qu'il était innocent. Il flotta et fut donc considéré comme coupable et dûment exécuté. (Le shérif Ranulf Glanville tua 120 hommes de cette manière.)

Le mendiant
Nom : Martin de Cheapside.
Crime : Mendie alors qu'il est parfaitement sain et apte au travail.
Châtiment : 3 jours et 3 nuits au pilori, sur la place du marché, à ne consommer que de l'eau et du pain. Ensuite, Martin fut chassé de la ville à tout jamais. (Les rois Tudors avaient le cœur tendre. En 1504, ils réduisirent cette peine à un jour et une nuit au pilori.)

L'agresseur
Nom : Thomas d'Elderfield.
Crime : A blessé George de Northway au cours d'une bagarre.
Châtiment : Condamné à se battre en duel contre ledit George, il fut vaincu. De ce fait, la famille de George eut le droit de lui arracher les yeux. (On raconte que le malheureux fut guéri par saint Wulfston. Ses yeux lui furent miraculeusement rendus.)

L'assassin
Nom : Comte d'Athol.
Crime : Assassinat du roi Jacques Ier d'Écosse en 1437.
Châtiment : Traîné jusqu'à la Croix d'Édimbourg, il fut coiffé d'une couronne de fer brûlant et on lui arracha des lambeaux de chair à l'aide de pinces chauffées à blanc.

Le menteur
Nom : John de Hackford.
Crime : En 1362, causant une véritable panique, il annonça que 10 000 hommes avaient joint leurs forces pour massacrer les conseillers municipaux de Londres.
Châtiment : Il fut emprisonné pendant un an. Chaque trimestre, on l'emmenait au pilori où il était offert à la fureur populaire avec une pierre autour du cou et une pancarte proclamant « Menteur » épinglée sur la poitrine.

Le voleur de faucon
Nom : John de Rivers.
Crime : A trouvé le faucon de son seigneur sur le toit de sa maison et omis de le rapporter à son légitime propriétaire.
Châtiment : Le faucon fut nourri avec 6 onces de chair prélevée sur la poitrine du contrevenant.

> La mégère
> Nom : Ann Runcorn.
> Crime : A fait honte à son mari en le réprimandant publiquement et en le traitant de vilain et de gredin.
> Châtiment : On mit sur la tête d'Anne une cage munie d'une tige de métal qui lui immobilisait la langue. Elle dut s'asseoir à l'envers sur un cheval et traverser la place du village dans cet attirail et sous les quolibets des habitants. (Cette punition fut appliquée pour la dernière fois à Shrewsbury en 1846.)

Le roi jureur et le faucon

Aux yeux des seigneurs, un faucon avait plus de valeur qu'un paysan. Un historien du XIVe siècle raconte comment Henri II fut guéri de la mauvaise habitude de jurer et la bonne leçon que Dieu lui administra.

> *Dans les premiers jours de son règne, Henri envoya son faucon à l'assaut d'un héron. Le héron volait en cercles concentriques et prenait de la hauteur, mais bientôt l'oiseau de proie eut presque raison de lui. Soudain, le roi s'écria : « Par les yeux et la gorge de Dieu, ce héron ne m'échappera pas, même si le Seigneur en a décidé autrement ! » À ces mots, le héron fit volte-face. Miraculeusement, il planta son bec dans la tête du faucon et en fit jaillir la cervelle. Puis l'oiseau, qui ne souffrait d'aucune blessure, jeta le faucon mourant aux pieds mêmes du souverain.*

PLOF.

On se demande pourquoi Dieu a tué le faucon et non Henri, le véritable fautif !

Jean la Menace

Les premiers rois angevins n'avaient rien à envier à leurs prédécesseurs normands. Henri II dut défendre sa couronne contre ses fils Richard, Geoffrey et Henri. Mais cette fois, les garçons pouvaient compter sur le soutien de leur mère, Aliénor (pour lui remettre les idées en place, Henri l'emprisonna pendant seize ans).
Le préféré d'Henri était son jeune fils Jean. Quand le roi découvrit qu'il était de mèche avec ses trois frères, son cœur se brisa, et il mourut.

Richard Ier Cœur de Lion lui succéda (son cœur de fauve était plus difficile à mettre en pièces). Ensuite, il partit pour les croisades et se fit capturer. Pendant ce temps, Jean régna sur le pays, gaspilla l'argent royal et complota pour usurper le trône. Richard lui pardonna sous prétexte qu'il n'était qu'un enfant. Puis, très bêtement, il repartit guerroyer et se fit tuer. Jean était enfin roi, et ce fut l'un des monarques les plus mesquins du Moyen Âge. Il adorait les filles, les beaux atours et la bonne cuisine, et il aimait surtout faire enrager les gens.

- Jean se moquait des longues barbes et du costume national des princes irlandais. Les chefs irlandais étaient furieux.
- Jean épousa sa cousine. L'archevêque de Canterbury était contre, mais le roi passa outre et obtint le consentement du pape. L'archevêque était furieux.
- Jean fit assassiner son principal rival, Arthur de Bretagne. Furieux, le roi de France Philippe II partit en guerre contre les Anglais (Arthur était trop mort pour s'en soucier).
- Jean choisit le nouvel archevêque de Canterbury, contre les vœux du pape. Le saint-père était furieux.

• Jean accabla d'impôts le peuple et les barons pour mener la guerre contre la France, mais celle-ci tourna mal. Les barons étaient furieux, ce qui eut bien sûr des conséquences...

La Magna Carta

Les barons obligèrent Jean à partager le pouvoir : désormais, aucune guerre, aucune loi et aucun impôt ne seraient décidés sans le consentement des Anglais...

Ce qui, bien sûr, est une absurdité digne de figurer dans ce livre. N'importe quel professeur t'expliquera que Magna Carta veut dire « Grande Charte » en latin.
Jean mourut après s'être empiffré de pêches et de cidre, mais la nourriture était si infâme à cette époque qu'il aurait aussi bien pu succomber après avoir bu un verre d'eau.

La malbouffe médiévale

Au Moyen Âge, l'Église imposait aux gens ce qu'ils devaient manger. Jusqu'au début du XIIIe siècle, les adultes n'avaient pas le droit de consommer de la chair de quadrupède. Et la viande de toute espèce était interdite le vendredi, sauf le poisson. Le hic, c'est que tout le monde trichait. Comme on n'avait pas droit aux quadrupèdes, on s'en prit aux grands oiseaux. L'Amérique n'avait pas encore été découverte, on ne connaissait donc pas la dinde, qui en est originaire, et on se rabattait sur des oiseaux appelés outardes. Résultat, ces dernières disparurent d'Angleterre.

Si une petite faim de viande rouge vous prenait le vendredi, il y avait toujours la possibilité de manger du castor. Comme ils utilisaient leur queue pour nager, on pouvait les considérer comme des poissons, non ? Résultat, les castors disparurent eux aussi.

D'autres bêtes vivaient dans la terreur : en 1339, un livre de recettes français conseillait un plat à base de hérisson dépouillé, nettoyé et rôti comme un poulet. Bien sûr, à cette époque, c'était plus dur de les attraper. On ne les trouvait pas écrasés et prêts à l'emploi sur les autoroutes. À moins que...?

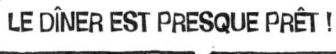

Quelques mets ravigotants

La dinde n'était pas le seul aliment inconnu au Moyen Âge : il y avait aussi la pomme de terre. Imagine un monde sans frites ni chips !

En revanche, on mangeait du chou – rien à voir avec celui de la cantine, ce légume pâlichon parfumé au jus de chaussette. Essaye plutôt cette recette de soupe aux choux, et tu verras bien si on mangeait mieux à cette époque.

Soupe aux choux

Ingrédients :
- 600 g de choux (les feuilles taillées en lanières).
- 225 g d'oignons (pelés et hâchés menu).
- 225 g de poireaux (la partie blanche coupée en petits anneaux).
- 1/2 cuillerée à dessert de sel.
- 1/4 de cuillerée à dessert de coriandre.
- 1/4 de cuillerée à dessert de cannelle.
- 1/4 de cuillerée à dessert de sucre.
- 1/4 de cuillerée à dessert de brins de safran (très cher. Utilise plutôt 1/2 cuillerée de poudre de curcuma).
- 850 ml d'eau
- un cube de bouillon de poulet (ou de légumes si tu es végétarien).

Préparation :
1. Faire bouillir l'eau et y ajouter le bouillon-cube.
2. Ajouter le safran, la cannelle, la coriandre, le sel et le sucre, remuer.
3. Ajouter le chou en lamelles, l'oignon et le poireau.
4. Couvrir la casserole et faire cuire à petits bouillons pendant vingt minutes.
5. Servir avec des toasts d'1 cm de côté ou de petites bandes de bacon frit sur le dessus.

La recette originale disait : « Faire bouillir les choux toute la matinée. » C'était une nécessité au Moyen Âge, car les choux étaient plus durs, mais on ne te le conseille pas avec ceux d'aujourd'hui, à moins que tu n'aies un faible pour les choux ramollos et tout flotteux.

Parlons des plats sucrés. Les riches en raffolaient et s'en gavaient jusqu'à s'en pourrir les dents. La rose, presque oubliée aujourd'hui, était un parfum très apprécié. Essaye le pudding ci-dessous à titre expérimental. Les mixeurs n'existaient pas au Moyen Âge, mais rien ne t'empêche de tricher et d'en utiliser un. Et évite de laisser des moucherons sur les pétales, si tu as un minimum de cœur.

Pudding à la rose

Ingrédients :

- Les pétales d'une rose bien ouverte (et bien lavée).
- 4 cuillerées à soupe de farine de blé.
- 275 ml de lait.
- 50 g de sucre en poudre.
- 1 cuillerée à dessert remplie aux 3/4 de gingembre moulu.
- 1 cuillerée à dessert remplie aux 3/4 de cannelle.
- 575 ml de crème fraîche liquide.
- 1 pincée de sel.
- 10 dates dénoyautées et hâchées menu.
- 1 cuillerée à soupe de pignons (si possible).

Préparation :

1. Faire bouillir les pétales dans l'eau pendant 2 minutes.
2. Presser les pétales sous un poids entre 2 serviettes.
3. Mettre la farine de blé dans une casserole et ajouter lentement le lait sans cesser de remuer.
4. Mettre la casserole sur le feu et chauffer jusqu'à ce que le mélange commence à épaissir.
5. Verser dans un récipient, ajouter sucre, cannelle, gingembre et pétales de rose.
6. Chauffer jusqu'à obtenir un liquide onctueux (ou jusqu'à ce que le moucheron attrape mal à la tête).
7. Incorporer la crème et le sel, et remettre sur le feu.
8. Chauffer et remuer jusqu'à ce que le mélange présente l'aspect d'une crème épaisse.
9. Ajouter les dattes et les pignons, remuer et chauffer pendant 2 minutes.
10. Verser dans des verres et laisser refroidir. Remuer régulièrement pour empêcher la peau de se former.
11. Mettre au frigo et boire glacé.

Tu épateras tes parents. Simplement, n'avoue jamais que tu as décapité leur rosier préféré.

Libations et gueules de bois

Au Moyen Âge, tout le monde buvait de l'« ale », une boisson qui ressemble à la bière, en plus léger. C'était plus sûr que de consommer l'eau crapoteuse dont on disposait dans les grandes villes.

À occasion spéciale, ale spéciale. Pendant les fêtes, par exemple un mariage, les boissons étaient vendues. On brassait une « Bière de l'épousée », les invités payaient pour avoir leur chope, et l'argent allait à la mariée (imagine qu'on te dise : bois un verre de champagne à la santé des heureux époux, mais n'oublie pas de glisser un euro dans le chapeau du garçon d'honneur. Ça serait la honte, non ?).

On brassait aussi une ale spéciale pour les enterrements, souvent payée par le défunt (avant son décès, naturellement). Une coutume particulièrement appréciée des buveurs qui aimaient que leur ale ait un minimum de corps (ouaf ouaf !).

L'Église, qui voyait ces libations d'un mauvais œil, essaya de les interdire. Mais les gens s'amusaient trop pour se laisser faire. Les prêtres décidèrent donc de s'adapter. Ils se mirent à brasser leurs propres ales et les vendirent pour financer les réparations des bâtiments ecclésiastiques.

Le seigneur du manoir faisait de même. Il brassait son ale environ trois fois par an. C'était comme une sorte d'impôt supplémentaire, car il la faisait payer au prix fort par ses manants. De temps en temps, les célibataires du village relevaient le défi : ils avaient le droit de boire gratuitement autant d'ale qu'ils voulaient... tant qu'ils tenaient sur leurs jambes. S'ils s'asseyaient, ils devaient passer à la caisse.

Quelques réalités nauséabondes

1. Les bouchers n'avaient pas le droit d'abattre les animaux dans la ville de Londres. Avant qu'on fasse passer cette loi, ils avaient l'habitude de déverser les viscères des bêtes devant le monastère des Grey Friars. À Winchester, un boucher tua une vache sur le trottoir de sa boutique. Au XVe siècle, les cuisiniers de Coventry jetaient les boyaux des poulets par la fenêtre, et tant pis pour les passants !

2. Pour que le client puisse juger de l'état de la viande et voir ce qu'il achetait, les ventes à la chandelle étaient interdites chez les bouchers. Un homme fut surpris à vendre un porc qu'il avait trouvé mort dans un fossé. On le mit au pilori et on fit cuire la viande pourrie sous son nez. Cet horrible châtiment était courant pour ce genre de fraude.

3. Dans les grandes villes, on trouvait des restaurateurs spécialisés dans les plats à emporter. Ils vendaient de délicieuses grives (deux pour un penny) et de succulents pieds de moutons chauds, et livraient même à domicile (les pieds de moutons étant incapables de se déplacer par leurs propres moyens).

4. Les tavernes servaient des ales aux noms poétiques : la « Nourriture des anges », le « Lait de dragon » ou l'« Ale du chien enragé » (très mordante, celle-là). Elles étaient sûrement moins dégoûtantes que celle d'Eleanor Rummyng, qui laissait ses poules percher sur les cuves. Elle y faisaient leurs

besoins sans complexe, et Eleanor se contentait de remuer vaguement l'infecte mixture avant la vente.

5. Dans les chopes d'ale, il y avait à boire et à manger. Un auteur du XIIIe siècle se plaignait que certaines étaient aussi épaisses que des soupes, tant il y flottait de « corps étrangers ». « On ne les boit pas, on les filtre avec les dents », précisait-il (en parlant de corps étranger, imagine la surprise du type qui a découvert le corps de Clarence, frère d'Édouard IV, noyé dans un tonneau de vin en 1478 !)

6. De nombreuses villes vérifiaient la qualité du pain et punissaient les boulangers voleurs. Certains mettaient du sable dans les miches et, dans un cas au moins, on trouva des toiles d'araignée dans un pain.

7. Souvent, les maîtresses de maison préparaient leur pâte et l'apportaient au boulanger pour qu'il la cuise. Certains avaient un truc : une petite trappe était aménagée dans leur comptoir et un gamin se glissait en dessous. Pendant que le boulanger bavardait avec sa cliente, le gamin ouvrait la trappe et prélevait une poignée de pâte. Le boulanger mesquin faisait ainsi des miches qu'il vendait pour son propre compte, et il était en plus payé pour cuire le pain de sa cliente, qui revenait chez elle avec une miche toute raccourcie. Si le boulanger était pris sur le fait, il passait une journée au pilori. En revanche, on n'a jamais entendu parler d'un gamin qui se soit fait pincer (ils étaient plus agiles).

8. Les domestiques n'avaient pas le droit de porter de longues manches comme leurs maîtres, d'une part parce que les seigneurs détestaient que leur personnel rivalise d'élégance avec eux, et aussi parce que les manches traînaient dans la soupe pendant qu'ils faisaient le service !

9. Henry VIII était célèbre pour ses festins formidables, tout à fait dans le style Tudor (la dynastie dont il était issu). Les réjouissances de certains riches n'avaient rien à envier à celles du roi, sur le plan calorique. En 1467, Richard, comte de Warwick, donna une petite soirée pour fêter la promotion de son frère qui avait été nommé archevêque d'York. Ses 60 cuisiniers préparèrent 104 bœufs, 2 000 porcs, 1 000 moutons et 13 000 desserts. Pour désaltérer les convives, 300 grands tonneaux d'ale et 100 barriques de vin avaient été prévus.

10. Les paysans mangeaient du bacon car ils pouvaient tuer et saler un porc chaque hiver, et des légumes parce qu'ils pouvaient les faire pousser chez eux. Si bien que, de peur de déchoir, la plupart des nobles n'auraient jamais touché un légume ou une tranche de bacon !

Quelques conseils pour les mal élevés

Des livres de bonnes manières ont été écrits à l'intention des jeunes gens. Hélas, ceux qui savaient lire étaient peu nombreux. Une BD aurait sans doute été plus efficace.

NE PAS se nettoyer les ongles ou les dents avec son couteau de table[1].	✗
NE PAS essuyer son couteau sur la nappe.	✗
NE PAS jouer avec la nappe ou se moucher dans sa serviette[2].	✗

1) Se gratter la tête à table était aussi considéré comme impoli.
2) Mais il n'était pas rare que l'on se cure le nez à table.

NE PAS tremper son pain dans sa soupe.	
NE PAS trop remplir sa cuiller ou souffler sur sa soupe.	
NE PAS faire de bruit en mangeant ou lécher son assiette.	
NE PAS parler la bouche pleine[1].	
NE PAS cracher sur la table, mais cracher par terre.	
NE PAS déchiqueter sa viande avec les dents, mais la couper avec son couteau.	
NE PAS se réserver les meilleurs morceaux, mais partager avec les autres[2].	

1) On avait le droit de roter à table... mais pas trop près du visage de son voisin.
2) Les jeunes gens étaient aussi priés de ne pas voler de nourriture dans l'assiette des autres convives.

Infectes toilettes

Le Moyen Âge fut une époque nauséabonde. Souvent, les ordures finissaient dans la rue. Quand les bouchers abattaient des animaux, leurs viscères étaient jetées sur le trottoir. De temps en temps, les conseillers municipaux votaient une loi pour nettoyer les rues.

Londres s'enorgueillissait de ses toilettes publiques, qui surplombaient la rivière Fleet, à l'ouest de la cité. « Chaque siège est rempli par un cul », relate un auteur de l'époque. Les déjections tombant directement dans la rivière, les mariniers qui passaient en dessous avaient intérêt à faire attention !

> J'AI DÉJÀ TOUCHÉ TROIS BARQUES ET UNE BARGE !

Les toilettes privées avaient elles aussi tendance aux débordements. En 1321, le conseil municipal de Londres assigna en justice Thomas Wytte et William Hockele. Voici ce qu'il en ressortit...

> *Selon les conclusions du jury, Ebbgate Lane demeura un passage ouvert à tout homme et à toute femme, jusqu'à ce que Wytte et Hockele l'eussent fermé pour construire des lieux d'aisances. Les déjections qui en émanaient étaient projetées sur les murs des maisons voisines, si bien que les selles humaines tombaient sur les têtes des passants.*

Les toilettes n'en restaient pas moins un luxe. À l'époque, la majorité des gens vivaient dans la même pièce que leurs animaux et se comportaient aussi mal qu'eux. En 1515 encore, un Hollandais se plaignait de la saleté des intérieurs anglais...

> *Les sols sont communément de terre battue et couverts de tapis de jonc, sous lesquels repose une collection d'ordures et de déjections, crachats, bière, graisse, os, selles humaines et animales, et toutes sortes d'autres matières dégoûtantes.*

Les bonnes maîtresses de maison collectaient l'urine familiale, indispensable pour le blanchissage. L'urine était stockée, et, quand elle était super concentrée, on l'ajoutait à la lessive en guise d'eau de Javel (avertissement : si tu veux te décolorer les cheveux, achete ton matériel chez le pharmacien. Ça te coûtera un peu plus cher, mais au moins, tu ne cocotteras pas comme des W.-C. bouchés). On fabriquait le savon à la maison en faisant bouillir des cendres de bois avec des bouts de graisse animale.

Languides Lancastres

Richard II fut le dernier roi angevin. C'était une pauvre petite chose faible, et personne ne pleura quand son cousin Henri de Lancastre le chassa du trône en 1399. Henri devint Henri IV. Il avait tellement de poux sur la tête qu'on pensait que ses cheveux ne pousseraient jamais. En tant que roi, c'était un zéro pointé, le premier d'une longue suite de souverains sans envergure issus de la lignée des Lancastres.

Son petit-fils Henri VI ne valait pas mieux. C'était un mou, et les rois mous ont besoin de seigneurs forts pour défendre leurs trônes. Quand Henri VI devint fou, en 1453, une longue lutte débuta entre les York et les Lancastres.

Chaque famille arborait une rose sur son écusson, rouge pour les Lancastres, blanche pour les York. Après trente ans de guerres sanglantes, Henri rose rouge Tudor écrasa Richard III rose blanche. Puis, très intelligemment, il épousa Élizabeth rose blanche d'York, mettant ainsi un terme au conflit. Ces affrontements sont appelés « guerre des Deux-Roses ».

Le Moyen Âge a commencé et fini sur de grandes batailles (sans compter toutes celles qui ont eu lieu entre-temps). Dans certains cas, le sort des combattants s'est joué à un cheveu. Un rien aurait suffi à transformer les vaincus en vainqueurs et à faire basculer l'histoire.

Les grandes batailles du Moyen Âge

De nos jours, les guerres se font avec des machines : missiles, tanks, sous-marins, bombes, avions. Un soldat peut tuer un million de personnes rien qu'en appuyant sur un bouton et sans jamais voir une goutte de sang.

Mais, au Moyen Âge, on se battait au corps à corps. Au mieux, les adversaires se trouvaient à portée de flèches l'un de l'autre. Le sang, la bêtise et la cruauté coulaient à flots.
Dans l'ardeur du combat, il est facile de se tromper. La victoire et la défaite se jouaient souvent sur une simple décision. Si tu avais été général, lors des grandes batailles de cette époque sans pitié, l'histoire en aurait-elle été changée ?

1) Hastings, 14 octobre 1066
La première grande bataille de la conquête normande.

Armées en présence :
Le roi Harold d'Angleterre contre le duc Guillaume de Normandie.

La bataille :
• 9 heures. L'armée du roi Harold occupe la colline de Senlac. Les hommes sont fatigués mais gardent le moral.
• Les Normands sont rangés en trois lignes : les archers, les fantassins (soldats à pied) et la cavalerie constituée par les chevaliers.
• La première attaque normande échoue : les archers tirent vers le sommet de la colline, mais leurs flèches sont facilement arrêtées par les boucliers des Anglais.
• Les fantassins normands progressent. Les Anglais les repoussent à coups de pierres et de lances (très peu d'archers participent à l'action).
• Les Normands font demi-tour et dévalent tant bien que mal la colline. C'est alors qu'Harold te pose la question fatale : « Qu'est-ce qu'on fait maintenant ? »

Conseil :

> POURCHASSEZ-LES JUSQU'AU PIED DE LA COLLINE. LEURS CHEVALIERS GÊNENT LA FUITE DE LEURS FANTASSINS, LEURS ARCHERS ONT TIRÉ TOUTES LEURS FLÈCHES, LE CHAOS RÈGNE DANS LEURS RANGS : MASSACREZ-LES !

> RESTEZ EN HAUT DE LA COLLINE, LAISSEZ-LES MULTIPLIER LES ATTAQUES, ILS FINIRONT PAR SE FATIGUER. NOS HOMMES SONT TROP ÉPUISÉS POUR LES POURCHASSER, ILS N'ONT PAS DÉTELÉ DEPUIS DES SEMAINES.

2) Bannockburn, près de Stirling (Écosse), 24 juin 1314
Les Écossais essayent d'arracher leur indépendance aux Anglais.

Armées en présence :
Le roi Édouard II d'Angleterre contre l'Écossais Robert le Bruce.

La bataille :
Les 40 000 Écossais de Robert le Bruce assiègent les Anglais à Stirling. Édouard II, fort de ses 60 000 soldats, s'efforce de les déloger.
• Alors qu'ils se rapprochent de Stirling, les Anglais voient les Écossais qui campent de l'autre côté d'une rivière aux rives marécageuses, le Bannock Burn.
• Les fantassins écossais sont armés de longues piques munies de têtes de haches et de pointes.
• Brandissant leurs piques, ils forment un groupe compact, une sorte de hérisson sur lequel viendront s'empaler leurs adversaires.

• Les 2 000 chevaliers d'Édouard veulent charger mais, d'abord, ils doivent arracher les portes des cottages voisins et s'en faire une sorte de pont pour avancer sur les marais.

Quel conseil donnerais-tu à Édouard ?

> LES ÉCOSSAIS OCCUPENT UNE POSITION DÉFENSIVE FORTE. COMMENCEZ PAR BRISER CES GROUPES DE PIQUEURS, ARROSEZ-LES DE FLÈCHES ET OUVREZ DES BRÈCHES DANS LEURS RANGS. ENSUITE, ENVOYEZ LES CHEVALIERS ACHEVER LES SURVIVANTS.

> LES ÉCOSSAIS SONT À PIED ET NOS CHEVALIERS À CHEVAL. ENVOYEZ D'ABORD LES CHEVALIERS DÉMANTELER CE MUR DE PIQUES, ET QUAND CETTE DIGUE HUMAINE ROMPRA ET QUE LES ÉCOSSAIS S'ENFUIRONT, LÂCHEZ SUR EUX UNE PLUIE DE FLÈCHES.

3) Crécy, Nord de la France, 26 août 1346.
Première grande bataille de la guerre de Cent Ans.

Armées en présence :
Le roi Édouard III d'Angleterre contre Philippe VI de France.

La bataille :
L'armée d'Édouard (18 000 hommes) compte moins de 4 000 chevaliers en armure. En face, Philippe a 38 000 hommes, dont 12 000 chevaliers.
• Les Anglais attendent sur une butte. Les Français doivent d'abord franchir un cours d'eau et monter à l'assaut de la colline (pas de problème pour les chevaliers : ils sont... à cheval).

• Une averse éclate sur les deux armées qui se font face. Les Anglais ôtent les cordes de leurs arcs et les mettent au sec, alors que les archers français utilisent des arbalètes que leurs cordes mouillées rendent difficilement utilisables.
• Le soleil revient... et les Français l'ont dans les yeux. Ils ne distinguent pas clairement les armées ennemies, mais constatent que les archers anglais sont en première ligne.
• Derrière les archers anglais attendent les chevaliers d'Édouard, démontés. Ils n'ont pas le temps de remonter à cheval avant l'assaut.

Que conseillerais-tu à Philippe de France ?

> **A :** ATTENDEZ DEMAIN. NOS SOLDATS SONT FATIGUÉS, LE COURS D'EAU A DÉBORDÉ ET DÉTREMPÉ LE TERRAIN, ET NOS ARBALÈTES SERONT PEUT-ÊTRE INEFFICACES CONTRE LES ARCHERS ENNEMIS. NOS CHEVALIERS SERONT DÉCIMÉS PAR LEURS FLÈCHES AVANT D'ÊTRE ARRIVÉS À LA HAUTEUR DES CHEVALIERS ANGLAIS.

> **B :** ATTAQUEZ EN DEUX ÉTAPES. D'ABORD, ENVOYEZ LES ARBALÉTRIERS DÉMANTELER LES RANGS DES ARCHERS ANGLAIS. ENSUITE, LES CHEVALIERS S'ENGOUFFRERONT DANS LES BRÈCHES ET PRENDRONT AU DÉBOTTÉ LES CHEVALIERS ANGLAIS. NOTRE SUPÉRIORITÉ NUMÉRIQUE EST SI ÉCRASANTE QUE L'ENNEMI NE PEUT RIEN CONTRE NOUS.

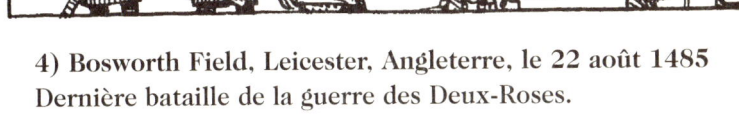

4) Bosworth Field, Leicester, Angleterre, le 22 août 1485
Dernière bataille de la guerre des Deux-Roses.

Armées en présence :
Le roi Richard III d'Angleterre plus les York, contre Henri Tudor appuyé par les Lancastres.

La bataille :
• Richard, plus rapide, a pu installer son armée sur les hauteurs, au sommet de la colline d'Ambion.
• L'armée d'Henri peine à trouver ses marques au pied de la colline.
• Richard pourrait charger pendant qu'ils s'organisent, mais lui-même à quelques problèmes : a) une troisième armée attend non loin, sous le commandement de lord Stanley. Ce dernier a promis son appui à Richard... et à Henri Tudor ! b) Richard a aussi des doutes à propos d'un de ses commandants, Northumberland, placé à l'arrière.

Que lui conseillerais-tu?

> **A :** ATTENDEZ DE VOIR DE QUEL CÔTÉ PENCHE L'ARMÉE DE STANLEY. SI VOUS CHARGEZ HENRI TUDOR, VOUS VAINCREZ, MAIS STANLEY POURRAIT VOUS ATTAQUER AVEC DES TROUPES FRAÎCHES. LAISSEZ PLUTÔT LES HOMMES D'HENRI S'ÉPUISER EN PRENANT LA COLLINE D'ASSAUT.

> **B :** CHARGEZ. SI VOUS ÉCRASEZ L'ARMÉE D'HENRI TUDOR, STANLEY VERRA D'OÙ LE VENT SOUFFLE. IL COMPRENDRA QU'IL VAUT MIEUX ÊTRE AVEC VOUS QUE CONTRE VOUS, ET NORTHUMBERLAND L'IMITERA. NE LAISSEZ PAS À HENRI LE TEMPS DE METTRE EN PLACE SES TROUPES.

Réponses

1) Hastings : Harold suit les conseils du soldat A... et perd la bataille. Quand les Anglais descendent de la colline, les Normands font volte-face et les attaquent en terrain plat (certains historiens pensent que la fuite du Conquérant n'était qu'une tactique pour amener l'ennemi à quitter sa position stratégique). Les archers normands puisent dans leurs réserves de flèches et tirent en hauteur. Tandis que les Anglais se protègent en levant leurs boucliers, les chevaliers normands les chargent de front. Harold aurait dû écouter le soldat B et rester où il était. Blessé à l'œil par une flèche, il est mis en pièces par les chevaliers normands à qui l'Angleterre est désormais offerte sur un plateau.

2) Bannockburn : Édouard suit les conseils du soldat B... et se fait battre à plates coutures. Ses chevaliers, qui veulent s'attribuer toute la gloire du combat, se lancent en première ligne alors que les archers sont à peine mis à contribution. Les chevaliers s'embourbent dans les marais, puis leurs chevaux tombent dans les fosses et les pièges préparés par les Écossais. Ici, pas de charge héroïque : les chevaliers anglais s'effondrent sur les piques des Écossais ou sont refoulés dans les marais où ils se noient. Édouard II s'enfuit, suivi par son armée. Les Écossais ont chassé l'envahisseur.

3) Crécy : Philippe suit les conseils du soldat B... Tant pis pour lui ! Ses arbalétriers sont partis à l'assaut, mais ils ont été repoussés par une pluie de flèches mortelles. Battant péniblement en retraite, ils sont piétinés par leurs propres chevaliers qui, eux, progressent en sens inverse. Les puissants arcs anglais font des trous dans les armures. Chevaux et chevaliers s'effondrent, entraînant leurs voisins dans leur chute. Ceux qui survivent sont entourés et démontés par les chevaliers anglais, à pied. 10 000 soldats français meurent, le roi Philippe est blessé au cou par une flèche, mais il s'en sort et s'échappe. Le roi d'Angleterre peut se proclamer roi de France.

4) Bosworth Field : Richard suit les conseils du soldat A... Un choix fatal ! Il a la possibilité de charger pendant qu'Henri est en position de faiblesse, mais il la rate. Les troupes d'Henri donnent du canon et tirent des flèches pour affaiblir le roi campé sur les hauteurs. Les hommes de Richard dévalent la colline et luttent au corps à corps avec ceux d'Henri. Quand Richard appelle Northumberland à la rescousse et lui demande de lancer des troupes fraîches dans la bataille, ce dernier refuse. Richard charge en personne Henri Tudor, mais Stanley se jette dans la bagarre... du côté de Tudor. Richard est le second et dernier souverain anglais à mourir sur le champ de bataille, et Henri Tudor ramasse la couronne. Fin de la guerre des Deux-Roses. Pour de nombreux historiens, c'est aussi la fin du Moyen Âge.

Le savais-tu ?
Le duc de Suffolk avait été un loyal sujet d'Henri VI de Lancastre, mais quand il fut vaincu par les Français, le roi s'en débarrassa. Ne souhaitant pas exécuter ce fidèle allié, il l'exila. Le duc prit la mer à Ipswich mais n'alla pas très loin. À Douvres, ses ennemis le rattrapèrent, le traînèrent dans un petit bateau et le décapitèrent avec une épée

> ÇA SUFFIT ! SI SUFFOLK SOUFFRE, SES SOUCIS CESSERONT SOUS PEU.

rouillée. (AVERTISSEMENT : N'essaye pas de reproduire ce haut fait dans le bassin du parc municipal. Une décapitation à l'épée rouillée est le meilleur moyen d'attraper le tétanos.)

Le morbide troubadour

Si affreuse fut-elle, la guerre avait ses partisans. Certains aimaient l'odeur de la poudre. C'était le cas de Bertrand de Born, un troubadour, sorte de chanteur pop de l'époque médiévale. Cette affreuse petite chanson fut l'un de ses plus grands succès :

Mon cœur défaille d'allégresse quand
    mon regard ébloui voit
La citadelle qu'on assaille et dont
    les murailles choient
Sa garnison gisant au sol couchée
    par l'épée et la poix
Les chevaux des morts errant par
    les champs sans plus maître ni loi !
Quand s'apaise l'ouragan l'ardeur martiale
    décroît,
Le sang parle encore, pourtant.
    Nobles âmes cassez têtes et bras !
Vaincus, vous seriez esclaves.
    Héros, mourez au combat.
Il n'y a plus douce musique que mille
    cris d'effroi,
Que le hennissement des destriers
    désormais libres sous le harnois
Que le cri des mourants dont
    le corps devient froid

*Spectacle plus moral que de voir riches
   et pauvres, maigres et gras
Périr sous le couteau fendus de haut
   en bas.
Écoutez donc, vous tous, chevaliers
   ou bien rois,
Laissez vos domaines, quittez vos castels,
   vos cités,
Mais de grâce, doux seigneurs, ne cessez
   point de guerroyer.*

Pauvres femmes

Au Moyen Âge, l'Église enseignait que les hommes valaient mieux que les femmes (sans doute parce qu'eux-mêmes appartenaient au sexe dit fort !).
Aux femmes, on disait qu'elles devaient obéir à leurs parents mâles jusqu'à leur mariage. Ensuite, elle obéissaient à leurs maris. Et si elles manquaient à ce devoir, leurs époux étaient encouragés à les battre. Pas sous l'effet de l'ivresse ou de la colère, mais tout simplement parce qu'elles le méritaient. Comme dit le proverbe italien :

> *Un cheval, qu'il soit bonne ou mauvaise bête, a besoin d'être éperonné. Une femme, qu'elle soit bonne ou mauvaise, a besoin d'un seigneur et maître, et parfois d'un bon coup de bâton.*

Un prêtre, Robert d'Arbrissel, alla encore plus loin :

> *La femme est une sorcière, un serpent, une plaie, un rat, un poison, une irritation, une flamme brûlante et une assistante du diable.*

QUI, MOI ?

Misogygne, non ? Le problème, c'est que les hommes l'écoutaient, le croyaient, suivaient ses conseils, et maltraitaient leurs femmes.

On apprenait aux filles que c'était pécher que de se maquiller, se teindre les cheveux et s'épiler les sourcils. À en croire les prêtres, c'était une preuve de vanité, un aller simple pour l'enfer. Elles le faisaient tout de même...

Et puis, au XIVe siècle, les prêtres se trouvèrent un autre sujet d'inquiétude : les hommes commencèrent à porter des vêtements fantaisie aux couleurs éclatantes et à ressembler fâcheusement à ces serpents et à ces poisons de femelles. Il n'y avait pas plus grand péché, l'Église regardait donc d'un très mauvais œil ces...

Modes efféminées

Les hommes à la mode laissèrent tomber les robes pour les pantalons. Ceux qui étaient à la pointe des nouvelles tendances portaient des tuniques si courtes qu'un auteur se plaignit qu'elles « révélassent des parties du corps qu'il vaudrait mieux cacher ! »

Les religieux disaient des vérités bien senties sur ces modes du XIVe siècle...

Elles le firent... pendant quelque temps. Quand cet empêcheur de tourner en rond quitta définitivement la scène, elles se remirent à porter des chapeaux... encore plus hauts !

> À LA DERNIÈRE MODE, LES CHAUSSURES À PLATEFORMES.

> « LE LIÈGE DES SEMELLES ET LE TISSU NÉCESSAIRE POUR QUE LA ROBE FRÔLE LE SOL SONT UN AFFREUX GÂCHIS ! »
> (OBSERVATION DE L'ÉGLISE, XVe SIÈCLE.)

Dans de nombreux pays, des lois stipulèrent que seuls les nobles étaient autorisés à porter des vêtements de luxe. Les paysans ne devaient en aucun cas s'habiller richement, on aurait risqué sinon de les prendre pour des gens de qualité ! Mais la plupart de ces lois visaient principalement la mise féminine. L'une d'elles, par exemple, interdisait le port des chaussures à plateformes.

Les hommes exigeaient l'obéissance de leurs femmes. Ce fut le cas d'un certain M. Bonhomme, de Paris. Tous les moyens étaient bons...

> *Imitez la conduite du chien qui aime obéir à son maître : même quand son maître le fouette, le chien le suit en remuant la queue.*

> PUIS IL LE MORD.

86

Évidemment, les femmes n'étaient pas toujours aussi soumises que M. Bonhomme l'aurait souhaité. Leur vie était difficile, mais certaines rendaient coup pour coup et furent même de...

Véritables héroïnes

Jeanne de Clisson
En 1313, Olivier de Clisson fut exécuté sur l'ordre du roi de France, Philippe le Bel. Considérant qu'il méritait d'être appelé Philippe le Moche, Jeanne, la veuve de Clisson, voulut lui rendre la monnaie de sa pièce. D'abord, elle vendit toutes ses terres pour trouver de l'argent. Avec, elle acheta trois navires de guerre qu'elle fit peindre en noir et équiper de voiles rouges. Amiral en jupons, elle se mit alors à détruire les bateaux de Philippe et à massacrer leurs équipages... en laissant chaque fois la vie sauve à un ou deux marins pour qu'ils aillent rapporter la nouvelle au roi (sans ça, ça n'aurait pas été drôle).
Après la mort de Philippe, Jeanne se vengea sur ses fils. Après treize années particulièrement saignantes, le dernier héritier de Phillippe le Bel mourut et Jeanne prit sa retraite. On raconte qu'elle adorait capturer les vaisseaux sur lesquels

étaient embarqués des nobles français et qu'elle les décapitait elle-même avec sa hache (certaines femmes n'en font qu'à leur tête, surtout quand il s'agit de couper celles des autres). Son fantôme tout gris continue d'arpenter les murailles du château de Clisson. Ne t'aventure pas par là si tu t'appelles Philippe !

Marcia Ordelaffi

Francesco, le mari de Marcia, avait très mauvais caractère. En 1358, son fils lui conseilla de laisser leur forteresse aux mains des ennemis qui l'assiégeaient. L'idée déplut à Francesco, qui tua le garçon d'un coup de poignard.

Quelques années plus tard, ce tueur d'enfants confia à sa femme la défense de Cesena. Prudente, celle-ci attendit qu'il soit parti défendre une autre cité pour prononcer le mot « reddition ». Ensuite, elle fit arrêter et décapiter l'un de ses conseillers qu'elle soupçonnait d'entente avec l'ennemi (c'était la meilleure façon de le faire taire). Redoutable négociatrice, elle put ensuite discuter elle-même avec ses assaillants et sauver sa vie et celle de sa famille.

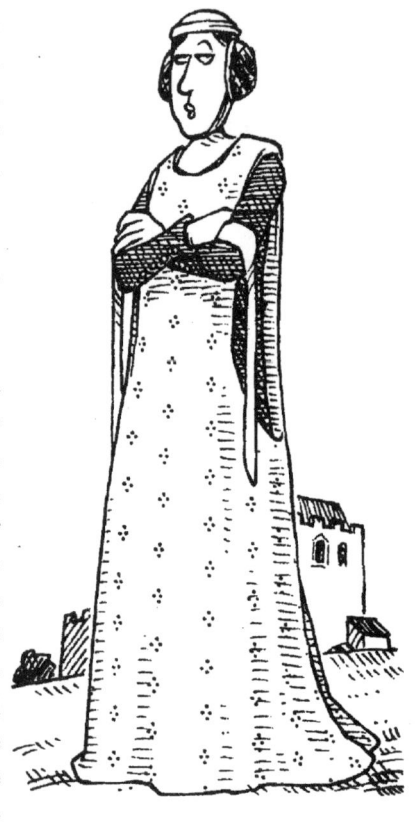

Madame de Montfort

Quand Jean de Montfort fut capturé en Bretagne, en 1341, sa femme poursuivit l'effort de guerre, mobilisa des armées et n'hésita pas à faire le coup-de-poing elle-même. Quand sa bonne ville de Hennebont fut assiégée, elle se vêtit d'une armure et prit le commandement. Sous une pluie de flèches, elle rallia ses troupes avec énergie et ordonna aux femmes de Hennebont de couper leurs jupes afin d'être plus à l'aise pour courir sur les remparts, jeter des pierres aux adversaires et déverser sur eux des marmites de goudron bouillant. Quand les assaillants furent épuisés, elle sortit de la ville par une porte secrète avec un groupe de chevaliers, encercla les troupes ennemies et en massacra la moitié. Hennebont était sauvée.

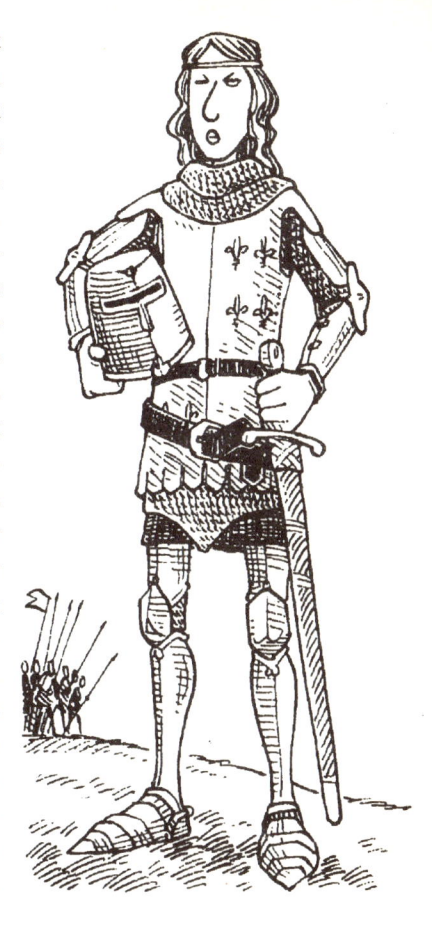

Jean de Montfort s'échappa et se précipita dans les bras de sa redoutable épouse. Que crois-tu qu'il arriva ? 1) Il lui donna un coup de main ? 2) Il la nomma chef de ses armées ? 3) Il lui fit une bise pour la remercier ? Non ! Ce gogol mourut illico. Quel manque de tact !

Madame de Montfort poursuivit la guerre pour le compte de son fils. Elle devint folle, fut capturée par les Anglais et resta enfermée trente ans, jusqu'à sa mort.

Jeanne la Pucelle

Jeanne d'Arc était la fille d'un fermier... à ce qu'on dit (des historiens imaginatifs ont émis l'hypothèse qu'elle était la fille de la reine de France). Toute jeune encore, elle entendit des voix angéliques qui lui ordonnaient de bouter les Anglais hors de France. Contre toute attente, c'est ce qu'elle fit. Malgré une blessure, elle battit les Anglais lors du siège d'Orléans, en 1429. Malheureusement, elle ne pouvait rien contre d'autres ennemis de la France, les Bourguignons. Ils la capturèrent et, comme ils avaient du sens pratique, ils la vendirent aux Anglais. Les envahisseurs ne pouvaient l'exécuter en tant que soldat. Donc, ils prétendirent qu'elle était une sorcière et la firent brûler vive. Elle n'avait que 20 ans. Son plus grand crime ? Avoir porté des habits d'homme !

Quant aux Anglais, ils perdirent la guerre de Cent Ans. Bien fait pour eux !

Isabelle d'Angleterre

Isabelle constituait une intéressante monnaie d'échange pour son père, le roi Édouard III. À 3 ans, elle fut fiancée à un prince espagnol, Pierre le Cruel. Heureusement pour elle, ce mariage tomba à l'eau. Quand elle eut 15 ans, Édouard voulut lui faire épouser le comte Louis de Male. Mais le roi commandait les Anglais à la bataille de Crécy où le père de Louis avait été tué, et Louis, rancunier, refusa cette union. Ses gens l'enfermèrent et promirent de le garder sous clé, jusqu'à ce qu'il accepte de se marier. Il finit par céder et fut libéré. On le surveillait, bien sûr. À en croire ses geôliers, il ne pouvait aller uriner sans que ses gardes en fussent informés (charmant !). Puis un jour, il alla chasser au faucon, se lança à la poursuite d'un héron... et ne s'arrêta que lorsqu'il eut franchi la frontière. Une fois de plus, Isabelle restait sur la touche.

Mais elle avait un sacré caractère, cette Isabelle. Quatre ans plus tard, elle accorda sa main à Bérard d'Albret, mais au moment de prendre le bateau pour la France, elle changea d'avis et rentra chez elle. Le pauvre Bérard devint un objet de risée et en fut si déprimé qu'il renonça aux femmes et entra dans un monastère.

Le savais-tu ?
Au XIVe siècle, la fille de l'empereur Louis d'Allemagne fut mariée... mais c'est son père dit le « oui » fatidique à sa place. Pourquoi ? Parce qu'elle était trop petite pour parler. Plus tard, il s'avéra qu'elle était retardée, et les gens dirent que Dieu avait infligé ce chagrin à Louis pour le punir d'avoir marié sa fille si jeune. Pourtant, en toute justice, c'est l'empereur qui aurait dû être frappé d'idiotie, et non cette malheureuse gamine !

Pauvres mioches !

Si les femmes avaient la vie dure, qu'en était-il des enfants ? Aurais-tu eu une chance de grandir si tu avais vécu à cette époque ? Sans doute pas. Le Moyen Âge était...

Cruel pour les enfants

1 Les parents s'intéressaient peu aux enfants en dessous de 5 ou 6 ans, car ils s'attendaient à ce qu'ils meurent. Seul un enfant sur trois dépassait l'âge de 1 an. À cette époque, on ne fabriquait ni gâteaux, ni bougies d'anniversaire : la demande n'était pas assez importante !

2 Les gens du Moyen Âge n'étaient pas des parents modèles, mais ils étaient quand même plus humains que leurs ancêtres anglo-saxons. Ces derniers croyaient que les enfants nés un vendredi étaient voués à une vie malheureuse. Pour leur épargner cette épreuve, ils les tuaient à la naissance. D'autre « testaient » leur gamin en l'installant dans un endroit dangereux, par exemple sur une branche d'arbre ou le toit de leur maison. S'il criait, ça voulait dire qu'il n'était qu'une mauviette, et mieux valait qu'il meure. S'il riait, il avait la vie sauve (et s'il tombait de la branche à force de rire, il mourait de toute façon.)

3 Néanmoins, la vie des enfants médiévaux n'était pas drôle. Si la peste ne les tuait pas, d'autres catastrophes s'en chargeaient. En 1322, la petite fille de Bernard de Irlaunde jouait dans la boutique familiale, quand un porc en maraude entra et la tua en la mordant à la tête. Cochon de porc !

4 Les enfants des familles riches étaient confiés à des nourrices. On les enveloppait dans des bandelettes de tissu serrées très fort, parce qu'on pensait que ça aiderait leurs jambes à pousser droit. Mais cette immobilisation forcée affaiblissait leurs membres et il leur fallait une ou deux années pour retrouver leur vigueur.

> IL EST PEUT-ÊTRE TROP SERRÉ...

5 Les enfants de paysans ne portaient aucun vêtement avant de savoir marcher. Pour les tenir au chaud, on les installait devant la cheminée. Les petits curieux qui rampaient jusqu'au feu grillaient comme des saucisses et, à en croire une ancienne loi, des bricoles arrivaient aussi à ceux qui restaient tranquilles...

> *Si une femme pose son enfant près du foyer, qu'un homme verse de l'eau dans le chaudron, la fait bouillir et déborder, et que l'enfant est brûlé à mort, la femme sera punie pour sa négligence.*

Si cette loi existait, c'est sans doute que ces accidents étaient fréquents. (Tu as remarqué ? La femme était punie et pas l'homme. Mais bon, c'est une autre histoire.)

6 Il n'y avait ni livres de Florence Pernoud ni émissions de TV pour conseiller les parents, parfois très imprudents. À Canterbury, de tout-petits enfants furent laissés près de la rivière et se noyèrent. Ailleurs, un archer qui s'entraînait tua accidentellement un mioche.

> T'ES PAS CAP !

7 Mais le pire, c'était les mendiants qui cassaient les membres de leurs enfants pour en faire des infirmes et attendrir les passants.

8 Les spécialistes de l'époque estimaient que trop de tendresse nuisait aux enfants. Les jeunes devaient s'adresser à leurs parents avec le plus grand respect. L'un d'eux décrivit la façon dont il allait accueillir son père…

> *Père infiniment révéré, je loue votre bonté paternelle d'un cœur humble et soumis, et vous implore humblement de m'accorder votre bénédiction journalière.*

> C'EST BIEN, MON GARÇON. MAINTENANT, VA CHERCHER L'EAU.

(À retenir si tu veux demander une augmentation d'argent de poche à ton papa.)
9 Ne riez pas, les filles. Votre vie aurait été cent fois pire. Selon un livre de maintien de l'époque, une fille ne devait pas jurer, rire trop fort, marcher trop vite, trop remuer les épaules ni bâiller la bouche ouverte. Les conseils suivants s'adressent aux parents de filles insupportables...

> Si vos filles rebelles s'inclinent de mauvaise grâce,
>
> Si l'une d'elles se conduit mal, Ne jurez ni ne soufflez
>
> Mais prenez un gros bâton et bastonnez-les toutes
>
> Jusqu'à ce qu'elles vous implorent et comprennent leurs péchés.

Ce texte est extrait d'un poème de la fin du Moyen Âge : « Comment une bonne épouse éduque sa fille », écrit par un homme, bien sûr.

10. Les garçons au service des seigneurs devaient respecter une parfaite immobilité pendant que leur maître mangeait. Un livre du XVe siècle disait...

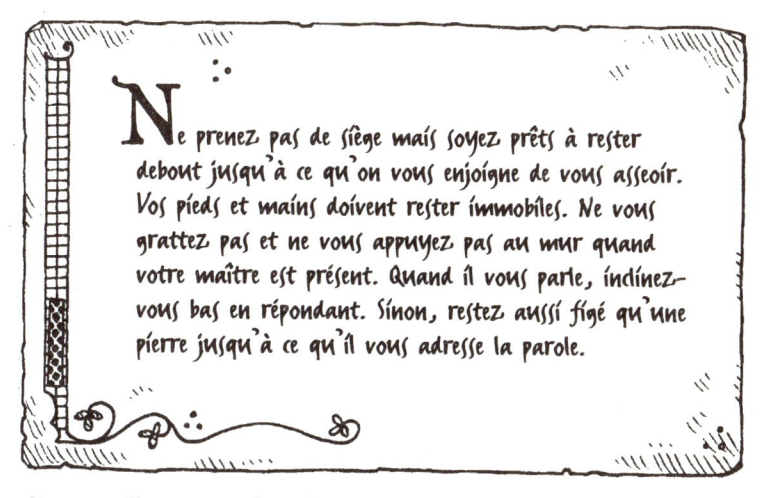

> Ne prenez pas de siège mais soyez prêts à rester debout jusqu'à ce qu'on vous enjoigne de vous asseoir. Vos pieds et mains doivent rester immobiles. Ne vous grattez pas et ne vous appuyez pas au mur quand votre maître est présent. Quand il vous parle, inclinez-vous bas en répondant. Sinon, restez aussi figé qu'une pierre jusqu'à ce qu'il vous adresse la parole.

Ça rappelle un peu l'école, non ? Et puisqu'on aborde ce chapitre, allons-y voir de plus près...

Avantages de l'école

- On n'était pas obligé d'y aller si on était pauvre... ou une fille.
- La plupart des garçons n'allaient à l'école que de 7 à 14 ans.
- Il n'y avait pas de devoirs.
- Il n'y avait pas de fautes d'orthographe... parce que l'orthographe n'existait pas. On écrivait comme on voulait.

Désavantages de l'école

- Il n'y avait pas de récréations, juste une petite pause pour le déjeuner.
- Quand on faisait une bêtise, on était battu, en général avec des verges en bouleau.
- Le papier, l'encre et les livres étaient très chers et à la charge des élèves.

Et bien sûr, il y avait....

Le règlement

À l'école de Westminster, au XIIIe siècle, on attendait des élèves...

> - Qu'ils disent leurs prières chaque matin sans brailler.
> - Qu'ils ne se permettent ni rire, ni sourire, ni bavardage.
> - Qu'ils ne se moquent pas de leurs camarades si ceux-ci chantent faux ou font des fautes.
> - Qu'ils ne se brutalisent pas en secret.
> - Qu'ils répondent poliment quand leurs aînés les interrogent.
>
> **CEUX QUI MANQUERONT À CES RÈGLES TÂTERONT DU BÂTON SANS TARDER !**

Bon, il y a pire, et certaines de ces règles sont toujours en vigueur de nos jours (mais pas les coups de bâton).

Les latinistes étaient obligés de parler latin. Pour chaque mot d'anglais ou de français prononcé, on recevait un coup de bâton. Le simple fait de dire « Tu me prêtes ton bouquin ? » te valait une dégelée. Moche !

Certaines règles semblent très bizarres aujourd'hui, mais il faut croire qu'elles avaient leur utilité.

> *Quiconque aura mis en pièce le lit de son camarade, ou caché ses draps, ou joué à la balle avec ses chaussures ou son oreiller, ou semé le désordre dans l'école, sera sévèrement puni le lendemain matin.*

Le succès de ce petit poème écrit par un élève au XVᵉ siècle n'a donc rien d'étonnant.

Le maître parle d'un air furieux :
Où as-tu traîné, petit gueux ?
J'ai trait les canards de ma mère
Et m'en voilà fort malheureux.

Une pluie de coups sur mon derrière
Pis que les orties des clairières
Ne cessa qu'en voyant ma chair
Oh, mon Dieu, que j'en suis amer !

Que le maître soit petit daim
Que ses gros livres soient des chiens
Pour que moi, le chasseur sanguin,
Je le tourmente jusqu'à sa fin !

Le crime de ce pauvre garçon ? Arriver en retard à l'école. Mets-toi à sa place : l'été, les leçons commençaient souvent dès 5 heures du matin !

Désavantages de l'école (pour les professeurs)

• Les maîtres étaient mal payés. Deux professeurs affamés de Huntington furent arrêtés pour braconnage, en 1225.
• En 1382, un maître du Suffolk fut arrêté pour troubles à l'ordre public. Vu l'ambiance qui régnait alors, il avait dû rire à une plaisanterie (un cas exceptionnel : en général, les professeurs n'ont pas le sens de l'humour).
• En Angleterre, un maître d'Oxford poussa très loin le sens du devoir. Si ses élèves avaient relaté les faits dans leur journal intime, ils auraient ressemblé à ça...

Cher Journal,

Aujourd'hui, nous avons eu une terrible tragédie. Maître Dicken a décidé de fouetter toute la classe, parce que Peter de Vere a mis un rat mort sur son bureau (en fait, c'était un cadeau. Il est taré, Peter). Maître Dicken a pris la liste alphabétique et battu le premier garçon, Thomas Abbot, mais les verges ont commencé à se casser. « Copiez le psaume 34 sur vos tablettes de cire pendant que je vais chercher d'autres verges pour vous fustiger », nous a-t-il dit. Alors, nous sommes allés à la fenêtre et l'avons regardé traverser le jardin jusqu'à la rivière. L'été avait été sec et toutes les branches qui pendaient au-dessus du jardin étaient sèches et cassantes. Les branches bien souples et qui faisaient bien mal poussaient vers la rivière. Stupéfaits, nous avons vu le maître grimper à l'arbre et essayer de les attraper. Il en a coupé dix, onze et puis douze et, à la treizième... On dit que le treize porte malheur, mais c'est vrai ! Tandis qu'il coupait la treizième branche, Maître Dicken a lâché prise et est tombé dans la rivière. Sa lourde robe s'est imprégnée d'eau et l'a entraîné au fond. Nous avons couru dehors pour mieux voir. Maître Dicken nous faisait des signes. Chaque fois que sa tête sortait de l'eau, il faisait des signes et nous faisions pareil. À la fin, sa tête a disparu pour de bon. Nous avons attendu une heure mais il n'est jamais réapparu. « Je crois qu'il a des problèmes, a dit Peter de Vere. On devrait peut-être faire quelque chose.

— On n'a qu'à attendre encore une heure, pour être sûrs », j'ai répondu.

Le maître mourut. Mais un décès prématuré n'était pas la seule tragédie qui menaçait les professeurs. Il y avait plus grave : les livres endommagés ! Un maître écrivit une lettre à des parents pour se plaindre de leur fils qui griffonnait sur ses bouquins, y laissait des traces de doigts graisseuses et pire encore...

> En hiver, quand il fait froid, son nez coule, mais il ne se soucie de l'essuyer que lorsque son livre est sali par la morve.

Des jeux pas sympas pour les enfants

Bon, la situation des enfants n'était pas si sombre. Ils avaient quand même des jouets. Par exemple, des poupées et le chariot qui allait avec, et qu'on faisait tirer par des souris (il n'y a rien de plus énervant que d'ouvrir un cadeau à Noël et de constater que ses batteries sont mortes. Alors, imaginez les enfants du Moyen Âge quand ils tombaient sur une souris crevée !)

De nombreux jeux de cette époque existent encore de nos jours : la balançoire, la corde à sauter, cache-cache, etc. Mais il y en avait d'autres qui étaient vraiment limite. Par exemple, l'enfant qui était « chat » retournait les capuches de ses camarades pour cacher leur visage. Les enfants encapuchonnés s'agenouillaient par terre et mettaient les mains dans le dos. Leurs camarades leur couraient autour et leur donnaient au passage un vilain coup sur les mains. Si le « tapé » devinait l'identité du « tapeur », ce dernier prenait sa place et le jeu reprenait.

D'autres jeux étaient aussi pratiqués par les adultes. Par exemple :

Les dés

Matériel :
Trois dés, une feuille et un stylo.

Règle du jeu :
1) Ce jeu se joue à deux. Les joueurs lancent les dés chacun à leur tour. Celui qui fait un double (par exemple un double 2 ou un double 5 marque un point. MAIS...
2) Si les deux joueurs font un double, le point va à celui qui a obtenu le maximum (par exemple un double 5 contre un double 2).
3) Le premier qui marque 10 points a gagné. MAIS...
4) Le joueur qui obtient UN TRIPLE remporte la partie sur ce simple coup.

Le jeu de quilles

Matériel :
Neuf quilles (ou des bouteilles en plastique).
Une baguette (ou une règle de 30 cm).

Règle du jeu :
1) Disposer les quilles en triangle, la pointe tournée vers les joueurs. Une quille au premier rang, deux au deuxième, trois au troisième, quatre au quatrième (c'est facile, quand même !). Les quilles doivent être assez proches pour que celle qui tombe entraîne toutes les autres avec elle.

2) Faire une marque à deux ou trois mètres des quilles.
3) Chaque joueur se positionne dessus et lance deux fois la baguette sur les quilles.
4) Le joueur qui a renversé le plus de quilles a gagné.
Note : On peut aussi placer les quilles en ligne droite.
Note supplémentaire : En 1477, le roi Édouard IV a interdit ce jeu. Apparemment, il ne supportait pas l'idée que les pauvres puissent s'amuser !

Des jeux atroces à ne surtout pas essayer

Voici quelques jeux qui ont assez peu changé depuis les 700 dernières années.

La soule
C'est un jeu qui ressemble au football ou au rugby, et qui existait à peu près partout (avec d'éventuelles variations). Il fallait mettre un ballon (ou éteuf, le plus souvent une bille de bois ou une boule de cuir bourrée d'étoupe) dans les buts adverses.

Tous les coups étaient permis. Les joueurs n'avaient pas de tenue spéciale : ils portaient leurs vêtements de tous les jours, et même leurs poignards ! À Newcastle-Upon-Tyne, en 1280, Henry de Ellington fonça sur David le Keu. David avait un couteau à sa ceinture. Il poignarda Henry qui mourut. David évita de justesse le carton rouge, mais Henry avait la chemise rouge de sang.

La balle au tabouret
Une fille s'asseyait sur un tabouret de trayeuse à trois pieds. Les joueurs envoyaient un ballon dans les pieds du tabouret et la fille essayait de l'esquiver. Ceux qui la touchaient remportaient la partie. Mais attention ! Ils n'empochaient pas une médaille d'or : on gagnait des gâteaux... ou des baisers.

La joute sur glace
Le patin à glace était très populaire. Les patins d'alors étaient faits d'os d'animaux qu'on s'attachait aux pieds. Les patineurs ne bougeaient pas comme ceux d'aujourd'hui : ils se dépla-

çaient en s'appuyant sur des bâtons, comme des skieurs. Ce sport inoffensif devenait mortel lorsque les patineurs s'affrontaient en brandissant leurs bâtons en guise de lances – d'où de nombreux bâtons cassés et encore plus d'os en miettes. Il y avait aussi le danger que la glace se brise.
Les archéologues ont retrouvé le squelette d'une femme dans le lit d'une rivière, des patins en os toujours attachés aux pieds. Devine ce qui lui est arrivé...

Les boules au prisonnier
Les hommes des cavernes faisaient déjà des boules de neige, mais les gens du Moyen Âge trouvèrent une façon particulièrement antipathique de pratiquer ce jeu : ils bombardèrent de boules de neige le comte Thomas de Lancastre pendant qu'on le conduisait au bourreau.

Quelques révélations

Harcèle tes parents ou tes professeurs avec les questions suivantes. Ils ont plus de chances que toi de trouver les bonnes réponses étant donné leur âge proche du Moyen Âge.

1 Aujourd'hui, lors des mariages, on lance à la mariée des confettis, symbole de chance. Au Moyen Âge, les invités lançaient :
a) Des grains de riz ?
b) Du riz en conserve ?
c) De la sciure ?

2 Les universités étaient des endroits dangereux, il fallut donc créer des règlements pour endiguer toute cette violence. Par exemple :
a) Il est interdit de poignarder un examinateur qui pose des questions trop difficiles ?
b) Les étudiants ignorants seront privés de repas pendant toute une journée ?
c) Les étudiants insolents copieront cent fois « Je dois obéir » ?

3 Un meunier médiéval défonça une route et y préleva de la terre pour construire sa maison. Qu'arriva-t-il ensuite ?
a) Il fut arrêté et obligé de remplir le trou avec des pierres ramassées en bord de mer, à 15 km de là.
b) Un fabricant de gants qui passait par là tomba dans le trou qui s'était rempli d'eau après un orage.
c) Les gens du coin remplirent le trou avec de la terre arrachée à la maison du meunier et la maison s'effondra.

4 Les gens étaient superstitieux. Ils croyaient que des monstres vivaient dans des contrées lointaines. Le Sciapod, un géant unijambiste, était l'un d'eux. Comment s'abritait-il du soleil selon la croyance populaire ?
a) Au moyen d'une ombrelle faite avec la peau des gens qu'il avait mangés.
b) Il arrachait un chêne, le mettait sur son épaule et s'en servait comme d'un parasol.
c) Il s'allongeait sur le dos, mettait sa jambe en l'air et faisait la sieste à l'ombre de son immense pied.

5 Le comte d'Armagnac et sa femme se disputaient une propriété foncière. Que fit-il pour la convaincre de signer l'acte notarié ?
a) Il lui envoya un wagon de fleurs, 20 robes neuves et un tonneau de parfum.
b) Il lui cassa 2 ou 3 os et l'enferma.
c) Il se mit une corde autour du cou et menaça de sauter du toit du château.

6 Les grands seigneurs employaient un échanson. Quel était son rôle ?
a) Verser à boire au seigneur.
b) Dresser les faucons pour la chasse.
c) Recenser les chansons à la mode pour les fêtes au château.
d) Fabriquer les habits du seigneur et de sa famille.

7 En Angleterre, la révolte des paysans fut conduite par un soldat appelé Wat Tyler. D'où vient son prénom ?
a) C'est celui que ses parents lui ont donné lors de son baptême.
b) Ce sont des initiales : WAT comme Wilfred Andrew Tyler.
c) Wat était le diminutif de Walter.

8 Les garçons de St Paul's School devaient faire pipi dans un grand baquet. Pourquoi ?
a) Parce que c'était plus hygiénique.
b) Parce que l'école vendait leur urine à des tanneurs qui s'en servaient pour assouplir le cuir.
c) Parce que les toilettes étaient au bord de l'eau, loin de l'école, et que les élèves auraient manqué la moitié du cours s'ils y étaient allés.

9 Comment les moines du Moyen Âge entretenaient-ils leur tonsure (le morceau de peau chauve au sommet de leur tête) ?
a) Ils la polissaient avec une pierre.
b) Ils s'épilaient avec une bande de cire, puis peaufinaient le travail avec un gant de cuir.
c) Il s'épilaient cheveu par cheveu avec une pince.

10 Le légendaire Dick Whittington mourut en 1423 après avoir été deux fois maire de quelle ville ?
a) La cité imaginaire (parce qu'il n'a jamais existé).
b) Londres.
c) Calais.

Réponses:

1c) Le riz vient d'Asie et n'a jamais poussé en Angleterre. S'il était parvenu dans ce pays, au Moyen Âge, il aurait été trop précieux pour qu'on le gâche en le lançant sur une épousée, si accorte fût-elle.

2a) On rapporte aussi que des étudiants d'Oxford rançonnaient les voyageurs pour payer leurs études. Les gens de la ville réagirent en les attaquant. Un bon nombre de jeunes furent tués ou scalpés. La punition (c) existe encore à notre époque, mais au moins, on ne scalpe plus les élèves.

3b) Le meunier s'était si généreusement servi que le gantier se noya avec son cheval. Il avait pris le trou pour une simple flaque d'eau.

4c) Et si un autre Sciapod venait le déranger, il menaçait de le lui mettre au... (remplir les pointillés).

5b) SOS femmes battues n'existait pas encore.

6a) Les échansons étaient en plus chargés de fonctions d'intendance. Le dressage des faucons était confié au fauconnier, qui faisait voler ses oiseaux lors de la chasse, conduite par le veneur.

7c) Wat Tyler s'appelait en fait Walter. C'était son diminutif, tout simplement.

8b) L'urine était vendue et l'argent allait à l'école. Celles d'aujourd'hui font plutôt des kermesses, mais la vente de pipi serait une idée à creuser.

9a) Ils utilisaient une pierre volcanique appelée " pierre ponce ", toujours employée de nos jours. On l'utilise dans le bain pour se frotter les talons. (AVERTISSEMENT : si tu en trouves une chez toi, ne l'essaye pas sur la tonsure de ton papa.)

10c) Dick Whittington a réellement existé. Selon la légende, les cloches de Londres lui annoncèrent qu'il serait trois fois maire de Londres, mais oublièrent de préciser qu'il serait aussi maire de Calais... deux fois ! Les Anglais avaient pris pied dans nos belles provinces françaises, bien avant l'Eurostar et le tunnel sous la Manche.

Un clergé pas très catholique

Les gens du Moyen Âge étaient très superstitieux. À leurs yeux, tout était de nature miraculeuse, y compris les...

Reliques répugnantes

Les couvents collectionnaient les reliques. Censées faire des miracles, elles attiraient chez les bons pères de nombreux pèlerins (et donc de nombreuses offrandes). Par exemple, on soignait chiques et caries avec une relique de sainte Appolonia, la patronne des maux de dents (titre qu'elle obtint grâce aux légionnaires romains qui lui avaient cassé les siennes avant de la brûler vive). Des centaines de monastères prétendaient posséder une dent de la sainte, et le roi Henri VI d'Angleterre en collecta pas moins d'une tonne. Non pas qu'elle ait eu une si grande bouche, Appolonia. Selon les moines, cette multiplication était tout simplement un miracle de plus.
(Une suggestion pour les longues soirées d'hiver : commence une collection de reliques saintes. La prochaine fois que tu te coupes les ongles, mets les rognures de côté.) C'est ce que fit une bande de moines malhonnêtes qui affirmaient détenir des ongles de saint Edmond. Les os étaient également très prisés. De nombreux moines itinérants ramassaient des os de porc pour duper les gens. Sur ce point, ton boucher pourrait t'être très utile.
Voici quelques reliques qu'on pouvait voir dans les églises et monastères européens :
• Un morceau du cerveau de saint Eustache (qu'est-ce qu'il en a pensé, Eustache ?).

- Un morceau de la mangeoire où Jésus fut couché à sa naissance et le linge dans lequel on l'enveloppa.
- Des charbons sur lesquels rôtit saint Laurent.
- Le mouchoir de saint Jean (la sainte morve comprise).
- L'une des pierres avec lesquelles on lapida saint Étienne (tachée de sang, naturellement).
- Un morceau de la pierre sur laquelle se tenait Jésus pendant son ascension.
- Un morceau de pain mâché par le même Jésus.
- La tête de saint Jean-Baptiste (les cathédrales d'Angers et d'Amiens avaient chacune la leur).

> JE VAIS VOIR LA TÊTE DE SAINT JEAN-BAPTISTE.
> MOI AUSSI !

- La couronne d'épines que portait Jésus pendant sa crucifixion.
- Un morceau de sa croix (il y en avait des milliers).

D'accord, l'histoire du mouchoir de saint Jean est une invention, mais les autres reliques sont 100 % vraies ! Ou 100 % fausses, ce qui n'empêchait pas les fidèles d'y croire dur comme fer. Les moines de Conques allèrent même jusqu'à voler le corps d'un saint à un autre monastère.

> GÉNIAL ! MAINTENANT ON A UN CORPS ENTIER, CINQ TÊTES, UN TORSE, QUELQUES JAMBES, HUIT MAINS, TROIS COUDES ET UN LOBE D'OREILLE.

Un saint moine fut terrorisé en apprenant qu'un monastère, où il était attendu, complotait de le tuer et de le faire bouillir pour avoir ses reliques. Il remit sa visite à plus tard...

Payer ses prières !

En 1303, Philippe le Bel eut une longue dispute avec le pape Boniface. Son motif ? Savoir à qui le peuple devait obéir, au roi ou au pape. Philippe résolut la question en enlevant Boniface à Rome. Le pape avait 86 ans. Il ne s'en remit jamais et finit par mourir.

Le pape suivant fut un Français, appelé Clément. Pensant que les Italiens le kidnapperaient par pure vengeance s'il allait à Rome, il décida sagement de rester en France. (Ce n'était pas la seule raison : il avait une petite amie qu'il ne voulait pas lâcher.) Quand le pape et ses gens furent installés en France, ils commencèrent à s'enrichir sur le dos des fidèles. Au cas où tu deviendrais pape, voici quelques suggestions pour arrondir tes fins de mois :

Indulgences et dividendes

1 Si tu commettais un péché (comme voler un euro ou pincer le derrière de la fille devant toi), l'Église te pardonnait... à condition que tu paies.

2 Si tu souhaitais faire carrière dans l'Église (par exemple devenir cardinal parce que ces ecclésiastiques portent un manteau rouge et que cette couleur te va à ravir), c'était possible... à condition de payer.

3 Quand une église possédait un objet saint (par exemple une plume d'ange ou l'orteil d'un saint), tu pouvais l'obtenir... contre espèces sonnantes et trébuchantes.

4 Quand tu faisais un don à l'église de ta paroisse (par exemple de l'argent pour qu'on prie pour toi après ta mort), le pape prélevait un pourcentage.

5 Le pape avait la possibilité de lever un impôt pour financer une croisade (afin de libérer la Terre sainte des infidèles). On payait... mais l'argent allait ailleurs.

6 Si tu voulais vous faire enterrer dans deux sépultures à la fois (ton cœur à un endroit et ton corps à un autre, comme certains rois médiévaux), c'était possible... à condition de payer.

7 Si tu voulais épouser un parent proche (par exemple le frère de ton mari défunt), l'Église te donnait son autorisation... mais il fallait passer à la caisse d'abord.

8 Si tu étais religieuse et souhaitais avoir deux servantes (l'une pour la lessive et l'autre pour prier à ta place, peut-être), il suffisait de payer.

9 Si tu voulais commercer avec ces abominables infidèles qui vendaient des épices si délicieuses que tout le monde les adorait, tu mettais la main à la poche et l'affaire était dans le sac.

Spectacles gore

Les artisans d'une même région se réunissaient en guildes ou corporations. Aux alentours de Pâques, elles produisaient pour le peuple des pièces inspirées de la Bible : les mystères et les miracles. Au début, ces spectacles étaient joués devant l'autel, mais ils attiraient tant de monde qu'on dut les installer dans la cour de l'église. Comme les spectateurs piétinaient les tombes pour avoir une meilleure vue, les acteurs déménagèrent dans la rue.

Jusqu'ici tout va bien, mais attention, ça va se corser. Le thème de ces représentations était toujours religieux, ce qui ne les empêchait pas d'être à la fois dangereuses et drolatiques. En ce temps-là, aucun avertissement parental ne signalait qu'un spectacle était de nature à choquer ou à faire peur. Le classement X n'existait pas, mais de nombreuses pièces du Moyen Âge auraient mérité d'entrer dans la catégorie « Xtrêmement traumatisant ». Selon toi, lequel de ces épisodes terrifiants pouvait-on voir sur les scènes de l'époque ?

1 La décapitation de saint Jean-Baptiste.

2 La crucifixion de Jésus.

3 Jésus ressuscitant et montant au ciel.

4 Les tigres dévorant les hamsters dans l'arche de Noé.

5 Les ânes des Rois mages lâchant leurs crottes sur la scène.

6 L'empereur Néron ouvrant le ventre de sa mère.

7 Adam et Ève apparaissant nus dans le jardin d'Éden.

8 Judas se pendant à un arbre.

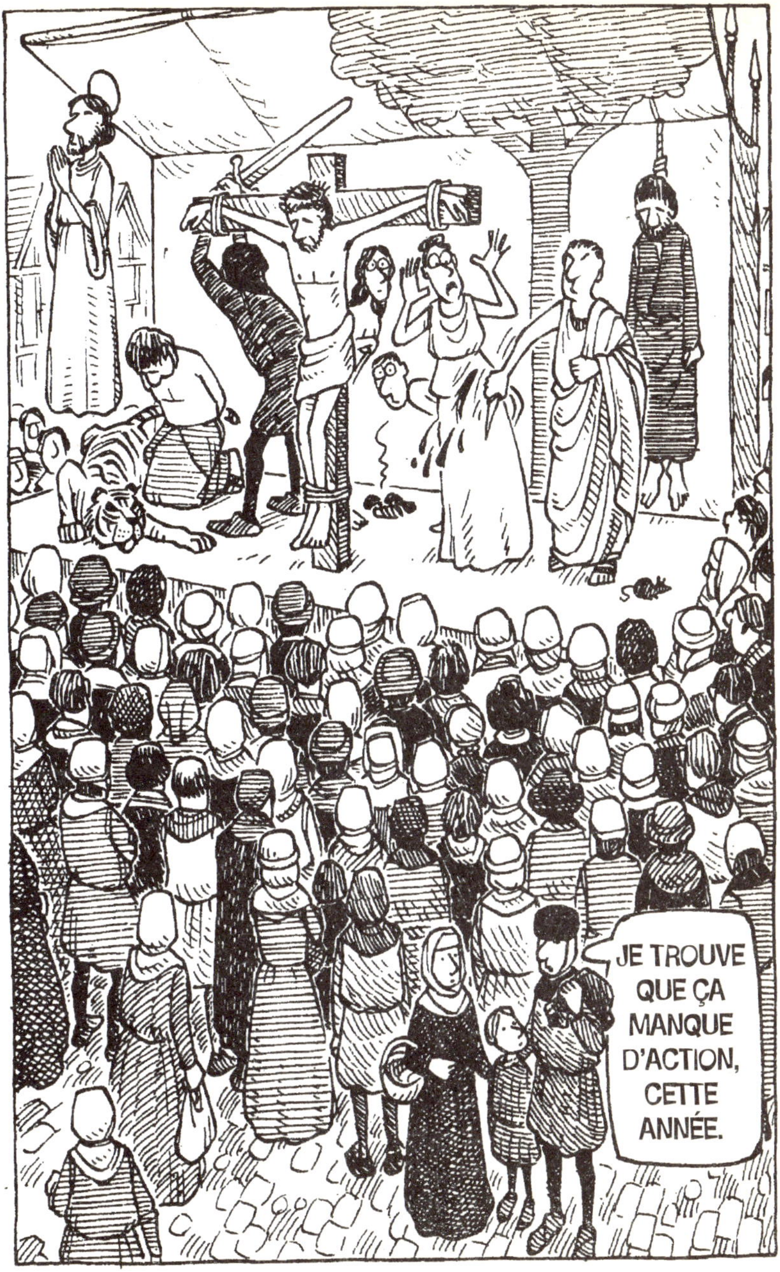
JE TROUVE QUE ÇA MANQUE D'ACTION, CETTE ANNÉE.

Réponses :

1 Vrai. Au dernier moment, on mettait un mannequin à la place de l'acteur. Le faux cou était tranché, éclaboussant le public de sang de bœuf.

2 Vrai. Les clous dans les mains étaient faux, mais la souffrance de l'acteur n'avait rien d'artificiel. Il restait accroché à la croix durant près de trois heures. Pendant ce temps, ses collègues qui jouaient les soldats romains lui crachaient dessus. Un curé qui jouait Jésus fut à deux doigts d'y passer.

3 Vrai. Un système de poids et de poulies soulevait l'acteur jusqu'à une plate-forme cachée sous le dais surplombant la scène.

4 Faux. Mais l'arche de Noé avait beaucoup de succès, à cause de ses bruitages et de ses effets spéciaux. Des tonneaux déversaient des tonnes d'eau et on utilisait de grands tambours remplis de pierres pour faire le tonnerre. Noé était souvent représenté nu, et ivre.

5 Vrai. Des acteurs revêtus de peaux d'âne tenaient le rôle des animaux. Ils lâchaient des quantités de crottes pour faire plus vrai.

6 Vrai. Mais bien sûr, il s'agissait d'un faux estomac. Quand l'épée le fendait, des tripes de porc fournies par le boucher se déversaient sur la scène.

7 Faux. Pour Adam, pas de problème, mais représenter Ève nue aurait causé quelques problèmes, car tous les acteurs étaient des hommes !

8 Vrai. L'acteur qui jouait Judas se pendait à la fin de la pièce... avec tant de zèle qu'un comédien faillit y laisser la vie.

En 1326, le peuple de Londres se rebella contre l'Église qui l'écrasait d'impôts. Les insurgés se saisirent d'un évêque, lui coupèrent la tête et abandonnèrent son corps dévêtu dans la rue. Ça, c'était bien réel !

Quelques croyances délirantes

Les gens du Moyen Âge croyaient que dans de lointaines contrées existaient...
• Des forêts si hautes qu'elles touchaient les nuages.
• Des tribus cornues qui devenaient vieilles en sept ans.
• Des hommes avec des têtes de chien et six doigts de pied.
• Des arbres sur lesquels poussait de la laine.

• Des cyclopes qui n'avaient qu'un œil et un pied, mais qui allaient plus vite que le vent (quand on les convainquait de courir à cloche-pied).
• Des serpents de 100 m de long avec des pierres précieuses à la place des yeux.

Œufs devins

Tu as une sœur malade ou un copain pestiféré ? Tu veux savoir s'ils s'en sortiront ? Fais comme les médecins du Moyen Âge : prends un œuf de poule, écris dessus : i, so, p, q, x, s, y, s, 9. Laisse l'œuf à l'air libre jusqu'au lendemain matin, puis casse-le. S'il y a du sang dedans, appelle les pompes funèbres.

Bien entendu, cette méthode est totalement délirante. Mais les œufs avaient une utilité. Le docteur pouvait dire : « Vous voyez ? Il est condamné. Ce n'est pas ma faute mais celle du destin. Voici ma note. »

L'enfer des moines

La vie était dure pour les paysans. Le Moyen Âge progressant, certains purent quitter la terre et s'installer dans les villes dont l'expansion débutait. Après la peste, le système féodal commença à s'écrouler. Dès lors, tous les paysans purent vendre leur travail et déménager librement sans en référer à leur seigneur. Une fois en ville, ils devenaient commerçants ou artisans. Certains firent fortune dans le négoce, mais pour d'autres, la seule façon de sortir de leur vie de misère était d'entrer dans les ordres. Les moines et les nonnes étaient pris en main dès l'âge de 7 ans. Les apprentis religieux s'appelaient des novices. Ils étaient constamment guidés par leurs éducateurs, un peu comme les candidats au permis de conduire qui n'ont pas le droit de rouler sans leur moniteur. C'était une vie très dure, pire que l'école d'aujourd'hui. Certains religieux en culottes courtes traversaient un véritable enfer.

> Chère maman,
>
> J'espère que quelqu'un du village pourra te lire cette lettre. S'il te plaît, je voudrais rentrer à la maison. Je suis très malheureux ici et ton pâté de lièvre me manque.
>
> Ma journée commence à 2 heures du matin avec

une horrible cloche qui nous réveille pour la prière. Je mets mes sandales (pas besoin de s'habiller puisque nous dormons dans nos robes de bure, qui sont toutes puantes et qui grattent). La nuit dernière, j'ai trébuché sur frère Benedict et il m'a battu avec sa canne. Imagine-toi priant pendant deux heures avec le dos en feu ! Je suis retourné me coucher à 4 heures et j'ai dormi deux heures de plus – sur le ventre. Puis cette maudite cloche s'est remise à sonner. Cette fois, c'était l'heure de prime, la messe de 6 heures. Frère Benedict a cassé la glace et m'a fait laver la figure à l'eau froide pour me réveiller, mais ça n'a servi qu'à me geler les joues. Sais-tu que les moines bénédictins prient au moins huit fois par jour ? J'ai demandé à frère Benedict si Dieu ne préférerait pas que nous rattrapions notre sommeil en retard, mais il m'a fouetté – le frère, pas Dieu.

Le petit déjeuner est à 7 heures. En général, je mange un bol de porridge froid et râpeux. Sauf ce matin : frère Édouard m'a marché sur l'orteil et j'ai crié. Comme nous n'avons pas le droit de faire du bruit pendant les repas, j'ai été fouetté et mis au pain sec et à l'eau pendant

trois jours. Quand je pense à ton pâté de lièvre...
À 8 heures, réunion dans la salle du chapitre. Ces vieux boucs de moines radotent sur l'argent et sur les tâches du jour. Nous, les novices, on a rien à dire. La réunion se termine sur la prière des défunts. Mais moi, je ne connais aucun défunt, même si quelquefois je préférerais être mort comme eux. Il fait sûrement moins froid au ciel qu'ici.
Après le service de 9 heures, on a école. Aujourd'hui, leçon d'écriture dans le scriptorium. Frère Eamon nous fait faire nos exercices sur du vélin, un parchemin fabriqué en ventre de veau (ce n'est pas moi qui l'ai tué). Je me demande en quoi ça profite à Dieu, qu'on sache écrire. J'ai si froid aux mains que je ne peux pas tenir ma plume d'oie et je fais des pâtés. Alors, frère Eamon me bat.
La grand-messe est à 11 heures. Après, on va aux champs. Aujourd'hui, j'ai dû épandre du purin sur le sol et ça puait. J'en aurais vomi si mon estomac n'avait pas été aussi vide.
Du coup, j'étais presque content de rentrer pour none, à 3 heures.

Après, rebelote : les leçons ont recommencé jusqu'aux vêpres, à 6 heures. On m'a fait asseoir à côté d'Antoine et nous nous sommes disputés. On m'a battu mais lui aussi, alors c'est moins grave. J'avais plus faim que vraiment mal.

Les complies sont à 7 heures. Après, j'ai mangé mon pain sec. Les autres avaient des pois cuits avec des herbes aromatiques (c'est pire). Tous les jours, on a des pois aux herbes. Quelquefois, j'aimerais avoir des herbes aux pois, pour changer ! (ouaf, ouaf)

À 8 heures, j'ai eu un peu de temps pour moi et j'en ai profité pour t'écrire avant d'aller au lit. Mais demain, tout va recommencer pareil.

Maman, laisse-moi rentrer chez nous. Je te promets que personne n'aura de meilleur fils que toi. Je ferai la route à pied pour que ça ne te coûte rien, je te rembourserai le don que tu as fait aux moines pour qu'ils me prennent, mais laisse-moi rentrer à la maison. Ton pâté de lièvre me manque. S'il te plaît, maman.

    Ton fils aimant,

                  Arthur

La malice des moines

Tous les moines n'étaient pas des saints. Sinon, ils n'auraient pas eu besoin des règles de vie et des interdictions dont on les accablait pour les faire marcher droit, et qui ressemblaient étrangement aux règlements des écoles modernes...

Un bon moine...

- Ne pensera pas trop à son confort ;
- ne sera pas tenté par une nourriture trop riche ;
- ne fera pas de bruit dans le cloître ;
- ne se disputera pas avec ses frères ;
- ne sera pas dissipé pendant l'office ;
- ne sera pas négligent ;
- ne désobéira pas à ses aînés ;
- ne deviendra pas aussi paresseux qu'un vieux moine ;
- ne se montrera ni entêté ni personnel ;
- ne pensera pas au monde extérieur.

Les nonnes suivaient des règles très semblables. Y aurais-tu survécu ?

Saint Roch

Quand on était pestiféré, c'est saint Roch qu'on appelait à son secours. Roch, atteint par la peste, s'était caché au fond des bois pour mourir. Un chien lui apporta de la nourriture et le jeune homme se rétablit. Mais, lorsqu'il revint à la ville, il fut accusé d'être un espion et jeté en prison, et il décéda dans sa geôle. Pendant son agonie, une étrange lumière emplit sa cellule. Ses geôliers, convaincus par ce miracle, en firent le saint des pestiférés. C'est à lui que s'adresseraient désormais ceux qui souffraient de cette terrible maladie. Quand un malade mourait malgré son aide, on estimait que ce n'était pas sa faute mais celle du défunt, trop pécheur pour que Dieu lui accorde la guérison.

Saint Charles

Charles de Blois était français. C'était aussi un saint homme qui...

- ne lavait jamais ses vêtements, était mangé par la vermine, mettait des cailloux dans ses chaussures et se ligotait avec des cordes très serrées pour souffrir constamment ;
- dormait sur la paille aux côtés de sa femme (qui avait droit à un vrai lit, elle) ;
- se rendit en pélerinage pieds nus dans la neige. Quand son fan club jeta des couvertures sur le sol pour adoucir son épreuve, il changea de chemin et marcha jusqu'à ce que ses extrémités soient gelées et toutes saignantes.

Charles de Blois était un homme pervers et cruel qui...
• expédiait les têtes de ses prisonniers dans les cités assiégées au moyen d'une catapulte ;
• massacra 2 000 hommes, femmes et enfants, lorsqu'il prit Quimper, en Bretagne.

La cruauté et la sainteté : c'est une bonne façon de résumer le Moyen Âge.

Épilogue

Richard III d'Angleterre fut tué à la bataille de Bosworth Field, en 1485, et son corps dénudé fut exposé au public pendant deux jours. C'est le genre de spectacle révoltant que les gens du Moyen Âge adoraient.

Mais les choses changeaient. L'accession au trône d'Henri Tudor ouvrait une ère nouvelle et mettait fin à une histoire sanglante qui avait duré un millénaire. Les Anglais avaient été envahis par les Normands. Étienne de Blois et l'impératrice Mathilde s'étaient disputé la couronne, entraînant le pays dans la guerre civile. Les barons s'étaient révoltés contre le roi Jean, puis étaient partis en guerre avec le roi Henri. Ensuite, il y avait eu la guerre de Cent Ans et les ravages de la peste noire. La guerre avec la France terminée, celle des Deux-Roses mettait l'Angleterre à feu et à sang.

Quelles que furent ses erreurs, Henry Tudor fit aux Anglais un merveilleux cadeau : la paix. Pendant quelques années, le peuple jouit d'une sécurité et d'un bonheur relatifs. Il se « civilisa ». La vie ne devait plus jamais être aussi dure, aussi dangereuse et aussi... courte que par le passé. C'est pourquoi certains historiens considèrent que la bataille de Bosworth Field marque la fin du Moyen Âge anglais.

C'est une date symbolique. Le Moyen Âge ne s'est pas arrêté du jour au lendemain. Néanmoins, un vent de changement soufflait sur le monde. Son signe le plus éclatant fut la découverte de l'Amérique par Christophe Colomb, en 1492.

Le philosophe Voltaire a dit que l'histoire ne se répétait jamais, mais les hommes, si. Aujourd'hui, la cruauté, la bêtise criminelle et les superstitions de ce temps-là ne devraient plus être qu'un lointain cauchemar. Pourtant, il y a toujours des tyrans qui abusent de leurs muscles, de leur argent ou de leur pouvoir et qui inventent de nouvelles façons d'opprimer et de torturer (ceux qui en doutent n'ont qu'à lire les journaux). Nous ne sortirons vraiment du Moyen Âge que lorsqu'ils auront disparu.